Knusper knusper knäuschen

von Elvira Glöckner

180 und mehr Rezepte für Kuchen, Torten und Gebäck ohne Ei

Divyanand Verlags-GmbH
Sägestr. 37
D-79737 Herrischried

5. überarbeitete Auflage

ISBN 978-3-926696-40-3

Inhalt

Vorwort

... Knusper, knusper, knäuschen, wer knuspert mit und probiert unsere leckeren Backrezepte? Angefangen beim Englischen Früchtekuchen, Bananen- oder Dattelkuchen, saftigen Obstkuchen, der herrlichen Dorotheen-Torte bis hin zum knusprigen Apfelstrudel oder den Nusstörtchen mit Honigfüllung und den vielen Plätzchen und Weihnachtsbäckereien. Selbstverständlich wurde auch die Vollwertigkeit bei allen Rezepten beachtet, aber – und das ist das Besondere an unserem Buch – wir haben auf die Verwendung von Eiern verzichtet. Dafür gibt es einige Gründe:

Das Ei ist die Keimzelle tierischen Lebens, es ist also Tier und kein Tierprodukt, wie z.B. die Milch, und ist vom Ernährungsstandpunkt dem Fleisch und dem Fisch gleichzusetzen. Fleisch, Fisch und Ei haben das eine gemeinsam, dass sie schnell verderben und in Fäulnis übergehen, wobei starke und gefährliche Gifte erzeugt werden. Solche Fäulnisprozesse finden beim Verzehr von Fleisch, Fisch und Eiern auch im Darmkanal des Menschen statt, und sie tragen mit die Hauptverantwortung für viele Krankheiten, wobei vor allem das Ei die meisten Fäulnisbazillen enthält.

Der menschliche Körper ist nicht dafür geschaffen, Fleisch bzw. Ei zu verdauen, das im Körper fault und Gifte erzeugt, da sein Organismus auf pflanzliche Nahrung abgestimmt ist. Außerdem enthalten sie die Schlackenstoffe der Tiere, die den menschlichen Stoffwechsel und Organismus noch mehr belasten, und zwar mit den Abfall- und Stoffwechselprodukten des Tieres. Hinzukommen jene Stoffe, die das Wesen des Tieres überschwemmen, wenn es durch nicht artgerechte Tierhaltung gequält wird. Tiere reagieren ebenso wie der Mensch auf den Impuls der Furcht bzw. Angst. Sie erzeugt eines der ärgsten Gifte.

Der Mensch ist, was er isst. Unser Befinden und Verhalten werden von der Nahrung beeinflusst, die wir zu uns nehmen. Reine Nahrung führt zu jenem Zustand heiterer Ausgeglichenheit, der die Weisen auszeichnet. Sie heilt eine ganze Reihe von Krankheiten und hilft, Leiden zu lindern. Ihre Vorzüge werden heute auch von medizinischer Seite anerkannt.

Das moralische und geistige Gesetz gestattet es dem Menschen nicht, in das Leben irgendeines Tieres der Schöpfung einzugreifen. Es verkündet vielmehr eine Lebensweise, die auf dem Grundsatz der Gewaltlosigkeit gegenüber allen Geschöpfen beruht.

Jedes Wesen ist vom Schöpfer geschaffen und bildet in sich eine Einheit. Wird ein Teil dieser Einheit verändert (durch nicht artgerechte Tierhaltung, Angst, Furcht, artfremde Fütterung oder Futterbeigaben, Tierquälerei usw.), so verändert sich die ganze Einheit. Denken wir nur an die tierquälerische Massentierhaltung, an die dunklen Legebatterien, wo Hennen ihr ganzes Leben lang in Käfigen am Fließband Eier produzieren. Diese Veränderungen gehen mit dem Fleisch- bzw. Eiverzehr zusätzlich auf den Menschen über und verursachen negative Rückwirkungen.

Mit diesem Backbuch möchten wir darlegen und zugleich anregen, daß Kuchenbacken ohne Verwendung von Eiern gar kein Problem ist. Die Schmackhaftigkeit wird Sie überraschen, und Ihrer Gesundheit wird es dienlich sein, wenn Sie den Gedanken der Vollwertigkeit, so wie wir es versucht haben, außerdem berücksichtigen.

Wagen Sie einen Versuch, neue Rezepte auszuprobieren! Sie werden Freude haben an der eigenen Kreativität, denn Backen soll auch Spaß machen. Mit unseren Backkursen hoffen wir, auch den weniger "Geübten" den Einstieg zu erleichtern. Viel Spaß beim Backen und guten Erfolg!
Der Herausgeber

Zutaten - Einmaleins

Im folgenden finden Sie nähere Hinweise zu Produkten, die in diesem Backbuch häufig verwendet werden, nicht überall erhältlich oder für den gesundheitsbewußten Vollvegetarier von besonderer Bedeutung sind.

Agar-Agar

Agar-Agar ist ein rein pflanzliches, aus Meeresalgen hergestelltes Geliermittel mit vier- bis fünfmal soviel Gelierkraft wie tierische Gelatine und enthält viele Vitamine und Mineralstoffe. Verwendet wird es zum Festigen von Gelees, für Nachspeisen, Tortengüsse und Marmeladen.

Ahornsirup

Ahornsirup ist ein Süßungsmittel, das aus dem Saft des Zuckerahornbaums gewonnen wird und in Fachgeschäften* erhältlich ist.

Apfeldicksaft

Sirupähnliches Süßungsmittel aus Äpfeln. Vereinzelt in Lebensmittelgeschäften oder Supermärkten, sonst aber in Fachgeschäften erhältlich.

Backpulver

In den folgenden Rezepten wird nur Weinstein-Backpulver verwendet, das anstelle synthetischer Verbindungen Weinstein als Säureträger enthält. Das “Goldene Backbuch” von A. Görgens (erschienen im Param-Verlag) gibt darüber hinaus ein Rezept für eine “natriumfreie Backpulvermischung” an, die aus Kaliumbikarbonat, Maisstärke, Weinsäure und weinsteinsaurem Kalium besteht. Sie ist allerdings etwas weniger ergiebig als normales Backpulver. Man kann sie sich in Apotheken mischen lassen.

---

* Fachgeschäfte: Bioläden, Naturkostläden, Reformhäuser

Biobin
Hergestellt aus Johannisbrotkernmehl.

Birnendicksaft
Fruchtiges Süßungsmittel, das in Fachgeschäften angeboten wird.

Carobpulver
Ein Süßungsmittel, hergestellt aus den Früchten des Johannisbrotbaumes. Verwendbar als Ersatz für Kakao und Schokolade.

Ei-Ersatz-Pulver
Ist ein geschmackfreies, weißes Pulver aus rein pflanzlichen Zutaten und im Fachhandel erhältlich.

Geliermittel
Als pflanzliches Geliermittel werden Agar-Agar, Biobin, Pfeilwurzelmehl, Speisestärke und san-apart verwendet.

Margarine
Handelsübliche Margarine kann gehärtete und tierische Fette (z.B. Fischöl) enthalten und ist somit für den Vollvegetarier nicht geeignet. Beachten Sie den Zutaten-Nachweis des Herstellers! Garantiert ohne tierische Fette sind nur Reformmargarinen.

Mehl- und andere Vollkornprodukte
Die mit dem überwiegenden Verzehr von Weißmehlprodukten verbundenen gesundheitlichen Nachteile dürften im Zuge der allgemeinen "Rückkehr zur Natur" inzwischen vielen Leuten bekannt sein, so dass es genügt, wenn hier nur noch die gravierendsten angesprochen werden.
Handelsübliches Mehl, das die Typenbezeichnung 405 trägt und nur schwach ausgemahlen ist, ist nicht nur gebleicht, damit es "schön" aussieht, es besitzt außerdem so gut wie keine Mineral- und Ballaststoffe und Vitamine mehr, die sich in den Randschichten des Korns befinden. Ein

Mangel an Ballaststoffen führt aber zu Darmträgheit und Fäulnisprozessen im Darm.

Die Randschichten des vollen Korns sind darüber hinaus auch reich an Vitamin B, das für den Kohlehydrat-Stoffwechsel von grosser Bedeutung ist. Werden die Randschichten entfernt, wird die zur Verdauung des Korns benötigte Menge an Vitamin B dem Körper entzogen – dabei enthält jedes Korn von Natur aus so viel Vitamin B, wie zu seiner Aufspaltung nötig ist!
Beim Kauf von Mehl sollte darauf geachtet werden, dass es aus biologischem Anbau stammt. Schadstoffe reichern sich gewöhnlich in den Randschichten des Korns an, so dass Vollkornmehl aus nicht-biologischem Anbau weniger empfehlenswert ist. Biologisch angebautes Getreide wird in Fachgeschäften angeboten. Meistens können Sie es dort auch zu Mehl mahlen lassen, sofern Sie nicht fertig verpacktes Mehl kaufen oder selbst eine Getreidemühle besitzen. Wichtig ist, dass Sie Vollkornmehl nicht zu lange aufbewahren, da das darin enthaltene Fett sonst leicht ranzig wird bzw. an Nährstoffen verliert. Je frischer also das Mehl verarbeitet wird, umso wertvoller ist es.
Eine Hilfe bei der Unterscheidung der verschiedenen Mehlsorten ist die auf den Packungen angegebene Typenzahl. Daran erkennt man, wie dunkel, bzw. wie vollwertig die jeweilige Mehlsorte ist. Dabei ist das Mehl umso dunkler, je höher die Typenzahl ist. Das dunkelste im Handel erhältliche Mehl trägt die Typenzahl 1700.
Hier eine Aufstellung der gebräuchlichen Mehltypen:
Weizenmehl: Type 550 – 1050 – 1700
Roggenmehl: Type 1150 – 1370 – 1800
Wir haben bei den Rezepten auf eine Typenangabe des Mehls verzichtet, denn Sie sollen nach eigenen Gesichtspunkten und Geschmacksvorstellungen die Auswahl selbst treffen. Nur beachten Sie bitte: Vollkornmehl braucht immer etwas mehr Flüssigkeit als schwach ausgemahlene Mehlsorten.
Im Fach- und Einzelhandel werden auch **Vollweizengrieß** sowie **Vollkorn-Paniermehl** angeboten.

Getreideflocken sind gepreßte Getreidekörner und daher Vollkornprodukte. Auch hier sollte biologischen Produkten der Vorzug gegeben werden.

Öl

Hochwertige, naturbelassene, kalt geschlagene Öle sind reich an ungesättigten Fettsäuren. Empfehlenswert sind z.B. Sonnenblumenöl und Maiskeimöl; besonders wertvoll und reich an hoch ungesättigten Fettsäuren sind Distel- und Leinöl.

Pfeilwurzelmehl

Hergestellt aus dem Wurzelstock einer tropischen Pflanze.

san-apart

Ist ein natürliches Festigungsmittel bestehend aus Weizenmehl, Weizenstärke und Zucker.

Sojamehl

Sojamehl ist ein Vollsojaprodukt, das Brot, Gebäck, Pfannkuchen usw. beigegeben werden kann sowie zur Herstellung von Sojamilch und Sojamilchprodukten verwendet wird.

Sojamilch

Sojamilch gibt es auch fertig zu kaufen. Außerdem wird sie als Instant-Produkt angeboten. Sojamilch ist ein vollwertiger Milchersatz, der genau wie Milch verwendet wird.

Unbehandelte Zitrusfrüchte

Sie werden praktisch das ganze Jahr über in den Fachgeschäften angeboten. Wenn Sie frisch geriebene Zitronen- oder Orangenschalen mit etwas Zucker vermischen, können Sie sie in einem Schraubglas einige Zeit im Gefrierfach Ihres Kühlschrankes aufbewahren.

Zucker

Unter Fabrikzucker versteht man alle Zuckerarten, die aus zuckerhaltigen Lebensmitteln durch Raffinationsprozesse künstlich hergestellt werden. Außer dem handelsüblichen weißen Zucker gehören dazu auch der Traubenzucker, Malzzucker, Fruchtzucker und Milchzucker und auch der braune Zucker, der zu 99% aus Rohrzucker besteht und nur geringe Mengen von Mineralien aufweist. Wie dem Weißmehl werden auch dem weißen Zucker während des Verfeinerungsprozesses fast sämtliche Vitalstoffe wie Vitamine und Mineralien entzogen, die in Zuckerrohr und Zuckerrübe noch enthalten sind. Damit ist Fabrikzucker ein rein isoliertes Konzentrat. Damit er im Verdauungstrakt aufgeschlossen und verwertet werden kann, bedarf es bestimmter Mengen an Vitamin B, die aber im raffinierten Zucker nicht mehr enthalten sind und daher dem Körper entzogen werden müssen – als Folge davon kann sich Vitamin B-Mangel einstellen, was wiederum zur Entstehung zahlloser Krankheiten beitragen kann (Gebissverfall, Stoffwechselstörungen, Erkrankungen des Verdauungstraktes, Zuckerkrankheit, Gefäßerkrankungen usw.).
Zucker sättigt bekanntlich sehr schnell – jedoch keineswegs anhaltend. Im Gegenteil, Zuckerzufuhr führt zwar zu einem raschen Anstieg des Insulin-Spiegels, wodurch ein rascher Sättigungseffekt erzielt wird. Deshalb wird Zucker auch häufig als Energiespender gepriesen, was aber durchaus nicht den Tatsachen entspricht. Der Insulin-Spiegel sinkt ebenso schnell ab, wie er zuvor angestiegen war. Die Folge ist erneutes, stärkeres Hungergefühl. Als Energiespender eignen sich daher weit besser als Zucker (Trocken-)Obst oder Fruchtsäfte oder auch ein Löffelchen Honig.
Welche Süßungsmittel stehen Ihnen aber zur Verfügung, wenn Sie auf weißen Zucker weitgehend verzichten wollen? Grundsätzlich sollte sparsam gesüßt werden – was sicher eine Frage der Gewöhnung ist. Wir haben in unseren Rezepten als Süßungsmittel auf Vollrohrzucker oder Honig verwiesen.

Vollrohrzucker ist gepreßter und getrockneter Zuckerrohrsaft, in dem die ursprünglichen Vitamine und Mineralstoffe erhalten geblieben sind. Im

Gegensatz zum raffinierten weißen Zucker werden hier die Begleitstoffe der Pflanzenzelle nicht herausgelöst, so dass es nicht zu der oben beschriebenen Stoffwechselbelastung kommt. Erhältlich im Fachhandel.

Honig ist sicherlich ein wertvolles Süßungsmittel. Allerdings ist zu beachten, dass selbst "reiner" oder "naturreiner" oder "echter" oder "Imker"-Honig mit bis zu 40 - 50% Zuckerlösung versetzt werden darf! Dies gilt vor allem für preiswerten "Supermarkt-Honig". Am besten kaufen Sie Ihren Honig in den Fachgeschäften oder direkt bei einem vertrauenswürdigen Imker in Ihrer Umgebung. Wenn Sie Honig zum Backen oder Kochen verwenden wollen, sollten Sie bedenken, dass er bei Temperaturen ab etwa 40 Grad viele seiner wertvollen Inhaltsstoffe einbüßt (z.B. Fermente).

Nicht unerwähnt bleiben sollte als Süßungsmittel die *Melasse.* Sie wird aus Zuckerrüben oder Zuckerrohr gewonnen, d.h. sie ist Zucker in unraffiniertem flüssigem oder kristallinem Zustand. Nachteil: Melasse besitzt einen ausgeprägten Eigengeschmack.
Im übrigen verweisen wir auf die bereits genannten flüssigen Süßungsmittel Ahornsirup, Apfel- und Birnendicksaft.

Rührteig

Back-Kurs für Rührteig

Grundrezept Rührteig

250 g weiche Butter oder Margarine
1 Prise Salz
180 g Vollrohrzucker oder 150 g Honig (s. Varianten)
ca. 300 ml kalte Milch oder Mineralwasser
2 - 3 gehäufte EL Sojamehl, angerührt mit etwas kalter Milch oder Wasser
500 g Vollweizenmehl
1 Päckchen Backpulver
etwas Margarine zum Einfetten der Form

1. Butter oder Margarine so lange rühren, bis sie schaumig bzw. sahnig ist. Nach und nach den Zucker zugeben und so lange rühren, bis er ganz zergangen ist (mit der Hand dauert dies ca. 1/4 Stunde, mit dem elektrischen Rührgerät etwa 3 - 4 Minuten).
2. Sojamehl, Salz und Gewürze zugeben und unter die Butter-Zuckermasse rühren.
3. Mehl und Backpulver mischen und nach Möglichkeit sieben.
4. 2 - 3 EL Mehl zu der Buttermischung geben, beides vermengen, mit etwas Milch glattrühren. Wieder 2 - 3 EL Mehl an den Teig geben, mit Milch glattrühren usw., bis das Mehl aufgebraucht ist. Wenn der Teig fester wird, mit einem Rührlöffel weiterrühren. Der Teig sollte weich, aber nicht zu dünnflüssig sein, sondern schwer vom Löffel fallen (Löffelprobe). Ein Handrührgerät verkürzt die Arbeitszeit beträchtlich.
5. Eine Napfkuchen-, Kasten- oder Springform gut einfetten und mit Semmelbröseln oder auch gemahlenen Nüssen einstreuen, Teig hineinfüllen (höchstens bis zu 2/3) und glattstreichen. Kuchen in Napf- und Kastenform bei mäßiger Hitze (180 - 200 Grad; Gas 3 - 3 1/2) auf der untersten Schiene, Kuchen in der Springform auf der mittleren Schiene bei 200 - 220 Grad (Gas 3 1/2 - 4 1/2) ca. 50 Minuten backen. Backofen stets vorheizen.
6. Garprobe machen: Mit einem Holzstäbchen oder einer metallenen Stricknadel in den Teig einstechen und wieder herausziehen. Der Kuchen

ist gar, wenn Nadel oder Stäbchen trocken und frei von Teigresten bleiben. Außerdem sollten die Kuchenränder sich etwas von der Form gelöst haben. Bräunt der Kuchen beim Backen obenauf zu rasch, kann die Oberfläche mit Alufolie oder Pergamentpapier abgedeckt werden.

7. Kuchen aus dem Ofen nehmen, etwa 5 Minuten abkühlen lassen, aus Napfkuchen- oder Kastenform auf einen Kuchenrost (Kuchengitter) stürzen, bzw. den Rand der Springform öffnen. Ggf. vorher den Kuchen mit einem Messer vom Rand lösen.

Varianten:

1. Statt Zucker kann zähflüssiger oder cremiger Honig verwendet werden. In diesem Fall braucht man das Sojamehl nicht mit Milch anzurühren. Außerdem verkürzt sich die Herstellung der Buttermasse erheblich, da Butter, Honig, Salz und Sojamehl nur glattgerührt werden brauchen. Auch benötigt man etwas weniger Milch bzw. 10 % mehr Mehl, da Honig ja bereits Flüssigkeit enthält.
2. Statt 500 g Mehl können 350 g Mehl und 150 g Speisestärke genommen werden. Die Speisestärke macht den Teig feinporiger und hält ihn länger frisch. Sie kann auch durch feine Haferflocken ersetzt werden. In diesem Fall kommen Sie mit 10 % weniger Fett aus, da Haferflocken bereits etwas Fett enthalten.

Verfeinerungsmöglichkeiten

1. Sie können den Kuchen durch Zugabe von etwas Rumaroma oder abgeriebener Zitronenschale und einer guten Handvoll Rosinen und/oder durch Hinzufügen von 50 - 100 g gemahlenen Nüssen oder Mandeln verfeinern.
2. Wenn Sie als letzte Zutat 50 g Kakao und 2 - 3 EL Milch oder Wasser unter den Teig rühren, erhalten Sie einen **Schokoladenkuchen**. Sie können ihn mit 50 g gemahlenen Mandeln, etwas Rumaroma und evtl. kleinen Schokoladestückchen verfeinern.
3. Wenn Sie den Schokoladenkuchen in eine Springform geben und nach

dem Erkalten durchschneiden (mit einem scharfen Messer rundherum etwas einschneiden, einen festen Nähfaden in die Kerbe legen, Faden vorne kreuzen, langsam und gleichmässig anziehen, bis er den Kuchen durchgeschnitten hat), mit Aprikosen- oder Johannisbeermarmelade füllen und mit einem Schokoladenguss bestreichen, erhalten Sie eine einfache **Sachertorte**.

4. Wenn Sie nur die eine Hälfte des Teiges in eine Napfkuchenform füllen, die andere Hälfte mit 30 g Kakao oder Carobpulver und ca. 125 ml Mineralwasser oder Milch vermischen, dies auf den hellen Teig auftragen und zuletzt eine Gabel spiralförmig durch beide Teigschichten ziehen, erhalten Sie einen **Marmorkuchen**.

5. Einen **Gewürzkuchen** erhalten Sie, wenn sie Schokoladenkuchenteig mit 1 1/2 TL gemahlenem Zimt, 1/2 TL gemahlenen Nelken und 1/4 TL Muskatblüte (Macisblüte) vermengen.

Adventskuchen

200 g Sultaninen
3 EL Sojamehl, angerührt mit 100 ml kalter Milch
120 g Vollrohrzucker
1 Päckchen Vanillezucker
1 Päckchen Lebkuchengewürz
75 g gehackte Mandeln
125 g gem. Haselnüsse
125 - 150 g kleingewürfelte getrocknete Feigen
100 g gewürfeltes Zitronat
175 g Vollweizenmehl
1 Päckchen Backpulver
etwas Rumaroma
ca. 100 ml Milch

Sultaninen in warmem Wasser gründlich waschen, gut abtropfen lassen. Das angerührte Sojamehl, Zucker, Vanillezucker, Gewürze und Rumaroma zu einer cremigen Masse verrühren. Mehl mit Backpulver mischen und mit der Milch nach und nach darunterrühren.
Mandeln, Nüsse, Feigen, Zitronat und Sultaninen miteinander vermischen und in den Teig einrühren. In eine gefettete, mit Semmelbröseln ausgestreute Kastenform füllen und glatt streichen.
Im vorgeheizten Backofen bei 175 Grad ca. 55 - 60 Minuten backen.
Auskühlen lassen, stürzen, auf Wunsch mit Nussguss bestreichen (siehe Kuchen- und Tortenglasuren). 3 - 4 Tage in Alufolie durchziehen lassen.

Apfel-Aprikosen-Kuchen

Fett mit Zucker bzw. Honig schaumig rühren. Die restlichen Zutaten nach und nach zufügen und alles gut verrühren. Den geschmeidigen Teig auf einem gefetteten Backblech glattstreichen.

Äpfel schälen, vierteln, Kerngehäuse entfernen und in dünne Spalten schneiden. Mit Zitronensaft beträufeln. Aprikosen waschen, halbieren, entsteinen und in Spalten schneiden. Äpfel und Aprikosen dachziegelartig nebeneinander auf dem Teig verteilen.

Für den Guss Fett und Zucker bzw. Honig erwärmen, Zitronenschale und Salz zufügen. Die entsteinten, zerkleinerten Datteln, Walnusskerne und Haselnüsse dazugeben und alles gut verrühren. Evtl. etwas Milch zufügen. Die Masse soll cremig sein. Auf dem Obst verteilen.

Bei 175 Grad ca. 50 Minuten backen.

125 g Butter od. Margarine
150 g Vollrohrzucker oder 5 EL Honig
350 g Vollweizenmehl
1/2 Päckchen Backpulver
3 - 4 EL Joghurt oder 100 ml Milch

Belag:

500 g Aprikosen
700 g Äpfel
1 Zitrone

Guss:

125 g Butter
150 g Vollrohrzucker oder 3 EL Honig
1 TL abgeriebene Schale einer unbehandelten Zitrone
1 Pr. Salz
150 g Datteln, entsteinen und einweichen
150 g grob zerkleinerte Walnusskerne
100 g geriebene Haselnüsse

Aprikosenkuchen

8 EL Öl
200 g Vollrohrzucker
abgeriebene Schale einer unbehandelten Zitrone
etwas Milch
250 g Vollweizenmehl
1/2 Päckchen Backpulver
ca. 500 - 750 g Aprikosen

Öl mit Zucker verrühren, Zitronenschale und etwas Milch zufügen und nochmals schaumig rühren. Dann Mehl und Backpulver unterrühren, bis der Teig streichfähig ist. Evtl. noch etwas Milch zufügen.
Die Teigmasse nun auf den gefetteten Boden einer Springform (28 cm Ø) streichen, mit Aprikosenhälften belegen.
Bei 200 Grad ca. 25 - 30 Minuten backen.

(siehe Abbildung rechts)

Bananenkuchen mit Nüssen

250 g Vollweizenmehl
2 gestrichene TL Backpulver
1 Prise Salz
60 g Margarine oder Butter
60 g Vollrohrzucker
100 g Honig
60 g gehackte Walnüsse
1 EL Sojamehl, angerührt mit etwas kalter Milch
3 reife, fein pürierte Bananen

Mehl, Backpulver und Salz mischen. Fett, Zucker und Honig auf kleiner Flamme zergehen lassen. In die Mitte des Mehls eine Vertiefung machen, Honigmischung hineingeben, ebenso das Sojamehl. Alles von der Mitte aus gut verrühren, Bananen und Nüsse unterrühren.
In eine gefettete kleine Kastenform füllen und bei 180 Grad ca. 45 - 50 Minuten backen.

Dattelkuchen mit Nüssen

Wie Bananenkuchen mit Nüssen (siehe Seite 20), nur statt Bananen 125g mit dem Wiegemesser zerkleinerte Datteln verwenden (ohne Kern gewogen).

Biskuitboden
für Obstkuchen

200 g feines Vollweizenmehl
120 g Vollrohrzucker
1 Päckchen Vanillezucker
3 TL Backpulver
6 EL Sonnenblumenöl
1/4 l Mineralwasser
Schale einer halben unbehandelten Zitrone

Zutaten zu einem dickflüssigen Teig gut verschlagen. Masse in die gefettete und mit Semmelbröseln ausgestreute Obstkuchenform (26 - 28 cm Ø) geben. Im vorgeheizten Backofen bei 170 - 180 Grad 20 - 25 Min. backen, bis sich der Biskuit elastisch anfühlt, wenn man ihn in der Mitte berührt.
Aus der Form stürzen, abkühlen lassen, mit Marmelade bestreichen oder mit gemahlenen Nüssen bestreuen und mit frischen Erdbeeren oder anderem Obst belegen. Obstkuchenguss darüber verteilen, mit Sahne verzieren, möglichst frisch servieren.

Biskuittorte

200 g feines Vollweizenmehl
100 g Speisestärke
170 g Vollrohrzucker
1 Päckchen Vanillezucker oder 1 Msp. Vanillepulver
1 Päckchen Backpulver
9 EL Sonnenblumenöl
Schale einer unbehandelten Zitrone
375 ml Mineralwasser
(Für die Herstellung eines Schokoladenbiskuits benötigt man noch 30 g Kakao und evtl. etwas Rumaroma)

Mehl, Speisestärke, Zucker, Backpulver, Öl, Wasser und Gewürze zu einem zähflüssigen Teig gut verschlagen. Er sollte einem Pfannkuchenteig ähneln. Die Masse nun in eine gut gefettete, mit Mehl oder Semmelbröseln ausgestreute Springform (24 oder 26 cm Ø) füllen und bei 180-190 Grad etwa 40 Minuten backen (Backofen vorheizen!). Die Torte ist gar, wenn sie sich beim Berühren in der Mitte elastisch anfühlt. Die Torte vorsichtig aus der Form nehmen, gut abkühlen lassen und nach Belieben ein- oder zweimal durchschneiden, füllen, bestreichen und garnieren (siehe Kuchen- und Tortenfüllungen).

Es empfiehlt sich, entweder auf Backpapier zu backen oder die fertige Torte auf der Kuchenplatte mit Backpapier zu unterlegen, da sie leicht klebt.

Eine "besondere" Erdbeertorte

1 Biskuitboden für Obstkuchen (siehe dort)

Belag:
600 g Erdbeeren
500 g Magerquark
100 g Vollrohrzucker
abgeriebene Schale einer unbehandelten Zitrone
1 /2 TL Agar-Agar, aufgekocht in 1/8 l Wasser
1/2 l Schlagsahne
1 TL Agar-Agar oder 1 Päckchen klaren Tortenguss
1 EL gehobelte Mandeln
evtl. 200 g Honig-Marzipan

Den Tortenboden in eine entsprechende Springform legen und den Rand mit Alufolie auslegen.
1/8 l Wasser zum Kochen bringen, das mit etwas Wasser glattgerührte Agar-Agar hineingeben und ca. 1 Min. unter Rühren kochen lassen, dann zur Seite stellen. Den Quark mit Zucker und Zitronenschale glatt rühren und das abgekühlte Agar-Agar teelöffelweise schnell untermischen, damit es sich gut verteilt und keine Klümpchen entstehen. Zuletzt 1/4 l steif geschlagene Sahne unterziehen. Diese Masse in die Form füllen und im Kühlschrank fest werden lassen.
Vorsichtig aus der Form nehmen, mit den halbierten Erdbeeren belegen. Tortenguss bzw. Agar-Agar nach Vorschrift zubereiten, über die Erdbeeren giessen und erstarren lassen. Die restliche Sahne steif schlagen und damit einen Rand rundum spritzen. Mit den Mandeln verzieren. Oder den Honigmarzipan zu einem Streifen in Höhe der Torte ausrollen. Den Rand damit belegen.

Saftiger Obstkuchen

100 g Öl
100 g Vollrohrzucker
350 g Vollweizenmehl
1 EL Sojamehl
50 g geriebene Haselnüsse
1/2 TL Zimt
1 Prise Salz
1 Päckchen Backpulver
abgeriebene Schale einer unbehandelten Zitrone
ca. 250 ml Milch
ca. 500 - 750 g rohes oder eingemachtes Obst nach Wahl (z.B. Äpfel, Aprikosen, Heidelbeeren, Kirschen, Rhabarber, Pflaumen, Stachelbeeren)

Öl und Zucker schaumig schlagen, Nüsse und Gewürze zugeben und das mit Backpulver und Sojamehl vermischte Mehl abwechselnd mit der Milch gut unterrühren. Den Teig in eine gefettete Springform füllen, mit vorbereitetem Obst belegen und leicht in den Teig eindrücken. (Weiches Obst kann man roh verwenden. Gedünstetes oder eingemachtes Obst läßt man auf einem Sieb gut abtropfen. Äpfel schälen, in Viertel oder Achtel schneiden.) Im vorgeheizten Backofen bei 175 Grad etwa 40 Min. backen.

Obstkuchen-Boden 1

Öl, Honig und Mineralwasser bzw. Milch gut verschlagen, Nüsse und Zitronenschale dazugeben und das mit Backpulver vermischte Mehl nach und nach unterrühren. Den Teig in eine gefettete, mit Semmelbröseln ausgestreute Kuchenform (28 cm Ø) füllen und bei 180 Grad ca. 20 Min. backen. Stürzen und abkühlen lassen. Mit Marmelade bestreichen, mit Obst belegen und mit einem Tortenguss begiessen.

60 ml Öl
3 EL Honig
200 ml Mineralwasser oder Milch
250 g Vollweizenmehl
150 g geriebene Nüsse
1 1/2 TL Backpulver
Obst nach Wahl
abgeriebene Schale einer unbehandelten Zitrone

Guss:
1/4 l Saft
1 TL Agar-Agar
(Zubereitung siehe Kuchen- und Tortenglasuren)

Obstkuchen-Boden 2

Das weiche Fett mit dem Zucker oder Honig gut schaumig rühren. Nach und nach das mit Speisestärke und Backpulver vermischte Mehl und die Milch unterrühren. Den Teig in eine gefettete, mit Semmelbröseln ausgestreute Obstkuchenform (vertiefter Rand, 28 cm Ø) füllen und glattstreichen. Bei 180 Grad ca. 20 Min. backen, stürzen und abkühlen lassen. Mit Marmelade bestreichen, mit Obst nach Wahl belegen und mit einem Tortenguss (siehe Kuchen- und Tortenglasuren) begiessen.

100 g Butter oder Margarine
75 g Vollrohrzucker oder 3 EL Honig
200 g Vollweizenmehl
50 g Speisestärke
2 TL Backpulver
1/8 l Milch

Englischer Früchtekuchen

450 g Vollweizenmehl
1 Päckchen Backpulver
100 g Butter oder Margarine
120 g Vollrohrzucker
100 g Rosinen
100 g feingewiegtes Zitronat
1/2 TL Salz
1/2 TL geriebene Muskatnuss
1/2 TL Zimt
250 ml Wasser

Butter, Zucker, Wasser, Früchte, Salz und Gewürze in einem Topf etwa 3 Minuten köcheln lassen. Abkühlen lassen. Das mit Backpulver vermischte Mehl sieben, zu der Mischung geben und gut durchrühren. Der Teig sollte nicht zu feucht sein.
In einer gefetteten Kastenform bei 180 Grad ca. 50 Minuten backen. *(siehe Abbildung rechts)*

Gewürzkuchen

100 g Butter
100 g Vollrohrzucker
150 ml Milch
175 g Quark
100 g gem. Mandeln
1 Pr. Salz
1 TL Kardamon
je 1/2 TL gem. Nelken, Anis, Zitronenpulver oder Schale einer unbehandelten Zitrone
1 1/2 TL Zimt
3 TL Backpulver
50 g Speisestärke
225 g Vollweizenmehl
2 gehäufte EL Sonnenblumenkerne

Butter und Zucker schaumig rühren. Alle anderen Zutaten in der angegebenen Reihenfolge gut unterrühren. In eine gefettete, mit Semmelbröseln ausgestreute Kastenform (24 cm) geben und ca. 50 - 60 Min. bei 180 - 200 Grad backen. (Garprobe machen, siehe Backkurs.)

Gugelhupf

250 g weiche Butter oder Margarine
200 g Vollrohrzucker
100 g Speisestärke
300 g Vollweizenmehl
1 Päckchen Backpulver
1 Päckchen Vanillezucker
3 Tr. Bittermandelaroma
1 TL abgeriebene Schale einer unbehandelten Zitrone
50 g Rosinen
100 g gemahlene Mandeln
ca. 1/8 1 Milch
6 TL Ei-Ersatz-Pulver, mit 120 ml Wasser verschlagen

Fett und Zucker schaumig rühren, Gewürze, das mit der Speisestärke und dem Backpulver gemischte und gesiebte Mehl abwechselnd mit der Milch unterrühren. Die Rosinen und Mandeln sowie das verschlagene Ei-Ersatz-Pulver zuletzt unter den Teig heben. In eine gefettete, mit Semmelbröseln ausgestreute Gugelhupfform füllen und bei 160 Grad 60 - 70 Minuten backen.

Haselnusskuchen

250 g gemahlene Haselnüsse
200 g Vollrohrzucker
1 Päckchen Vanillezucker
250 g Vollweizenmehl
2 - 3 Tropfen Bittermandelaroma
4 gestrichene TL Backpulver
etwa 1/4 1 Milch

Die gemahlenen Haselnüsse, Zucker, Gewürze sowie das mit Backpulver vermischte Mehl in eine Schüssel geben und miteinander verrühren. Dann gibt man nach und nach die Milch darunter. Man verwende nur soviel Milch, dass der Teig schwer reissend vom Löffel fällt. Den Teig füllt man in eine gut gefettete Napfkuchen- oder Kastenform und bäckt bei ca. 180 Grad etwa 55 Minuten.

Irischer Teekuchen

1/2 l Wasser zum Kochen bringen. Tee zufügen und 5 Minuten ziehen lassen. Tee durch ein Sieb in einen Topf giessen. Rosinen und Korinthen waschen, trocken tupfen und mit dem Natron zum Tee geben. Alles abkühlen lassen. Butter, Zucker oder Honig, Zitronenschale und Salz gut verrühren. Mehl, Backpulver, Tee mit Früchten und Haselnüssen zufügen und alles zu einem glatten Teig verarbeiten. Eine Kastenform einfetten und mit Paniermehl ausstreuen. Teig einfüllen und glattstreichen.
Im vorgeheizten Backofen bei 190 Grad ca. 55 - 60 Minuten backen. Kuchen vorsichtig aus der Form lösen und auf einem Kuchengitter abkühlen lassen.

4 TL schwarzer Tee (Blätter)
100 g Rosinen
100 g Korinthen
1 Msp. Natron
175 g Butter
200 g Vollrohrzucker oder 150 g Honig
1 Prise Salz
abgeriebene Schale einer unbehandelten Zitrone
500 g Vollweizenmehl
1 Päckchen Backpulver
100 g gehackte Haselnüsse
Fett und Paniermehl für die Form

Apfel-Nuß-Kuchen

130g Vollrohrzucker
100g Butter od. Margarine
100g Magerquark
150g gem. Nüße
50g Haferflocken (fein)
50g Speisestärke
1 mittelgroßer, fein gerieb. Apfel
1 Mssp. Nelkenpulver
1 TL Kardamom
1 TL Zimt
1 TL abger. Zitronenschale
ca. 180 ml Milch od. Mineralwasser
300g Vollweizenmehl
1 P. Backpulver

Butter und Zucker schaumig rühren. Nach und nach die Nüsse, Haferflocken und Speisestärke mit dem Quark unterrühren, danach den geriebenen Apfel.
Gewürze zufügen.
Zuletzt das mit dem Backpulver vermischte Mehl und die Milch dazugeben und alles zusammen zu einem geschmeidigen Teig (er sollte schwer vom Löffel fallen) gut verrühren.
In eine gefettete , mit Bröseln ausgestreute Form füllen, glatt streichen und ca. 50 Min. bei 180 Grad backen. (Garprobe machen!)

Kokoskuchen mit Schoko-Guss

200g weiche Butter oder Margarine
150g Vollrohrzucker
400g Vollweizenmehl
50 Speisestärke
50g Kokosmehl
1 P. Backpulver
ca. 50 ml Milch oder Mineralwasser
50g Kokosflocken
150ml heiße Milch
1 Schokoladenguß

Die Kokosflocken mit der heißen Milch übergießen und 10 Min. quellen lassen.
Inzwischen Fett und Zucker schaumig rühren. Nach und nach die gequollenen Kokosflocken zugeben und alles zusammen gut verschlagen.
Das mit Backpulver vermischte Mehl, die Speisestärke und das Kokosmehl langsam mit Milch oder Mineralwasser hinzugeben und alles zusammen gut verrühren. Der Teig sollte geschmeidig sein. Den Teig in eine gefettete mit Semmelbröseln ausgestreute Kastenform füllen. Bei 160° ca. 60 Minuten backen. (Garprobe machen!)
Den Kochen stürzen, abkühlen lassen, mit einem Schokoladenguß überziehen und mit Kokosraspeln bestreuen.

Honigkuchenschnitten

350 g Honig oder
200 g Melasse
und 150 g Honig
50 g Butter oder Margarine
ca. 250 ml Kaffee oder Milch
1/2 TL Salz
500 g Vollweizenmehl
1 Päckchen Backpulver
1 EL Sojamehl
1 Päckchen Lebkuchengewürz (Pfefferkuchengewürz)
2 EL Öl
125 g Rosinen
125 g grob gehackte Haselnüsse
je 60 g Zitronat und Orangeat
einige Tropfen Bittermandel-Aroma

Honig, Fett, Kaffee und Salz langsam erwärmen, gut verrühren, abkühlen lassen. Mehl, Backpulver, Gewürze und Sojamehl vermengen und in die Mitte eine Vertiefung machen. Honigmischung und Öl hineingeben, alles nach und nach verrühren. Trockenfrüchte, Nüsse und Aroma unterrühren.

Der Teig sollte leicht vom Löffel fallen. Teig auf ein gefettetes Backblech geben, mit einem in Wasser getauchten Teigspachtel gleichmäßig verteilen. Bei ca. 200 Grad 20 Minuten backen.

Noch heiß in Stücke schneiden. Evtl. mit flüssigem Honig bestreichen. Frisch essen oder in einer gut verschlossenen Blechdose aufbewahren.

Luzerner Lebkuchen

500 g Vollweizenmehl
200 ml Milch
200 g saure Sahne
250 g Honig
3 gehäufte TL Lebkuchengewürz
1 Päckchen Backpulver
50 g gemahlene Nüsse
125 g gehackte Mandeln
125 g gewürfeltes Zitronat

Honig, Milch und Sahne werden gut verrührt, so dass eine schaumige Masse entsteht. Dann rührt man vorsichtig die Gewürze, Nüsse, Mandeln und Zitronat darunter, zuletzt das mit Backpulver vermischte Mehl. Den Teig gut durcharbeiten. Es darf keine zu feste Masse entstehen, evtl. noch etwas Milch zugeben. Dann läßt man den Teig gut 2 Stunden zugedeckt ruhen. Anschliessend streicht man den Teig ca. 1 cm dick auf ein gefettetes Backblech und bäckt bei ca. 180 Grad etwa 25 - 30 Minuten. (Garprobe machen.) Am besten erst am nächsten Tag anschneiden.

Dinkel-Marmor-Kuchen

250g Butter oder Margarine
150g Ahornsirup
500g Dinkelmehl
3 EL feine Haferflocken
4 TL Backpulver
ca. 300 ml Mineralwasser
für den dunklen Teig
5 EL Kakao oder Carobpulver
125 ml Mineralwasser

Butter oder Margarine mit dem Ahornsirup schaumig schlagen.
Mehl, Backpulver, Haferflocken und Wasser langsam zugeben und zu einem geschmeidigen Teig verrühren.
Die Hälfte des Teiges in eine gefettete Kastenform füllen, die andere Hälfte mit Kakao und Wasser verrühren und zu dem hellen Teig zugeben. Mit Gabel oder Löffel beide Teige spiralförmig ineinander streichen.
Bei 200 Grad ca. 40 Min. backen.

Mohn-Birnen-Kuchen

150 g Butter oder Margarine
150 g Vollrohrzucker
300 g Vollweizenmehl
1 Päckchen Backpulver
ca. 1/8 l Milch

Füllung:

125 g gemahlenen Mohn
1/8 l Milch
80 g Rosinen
50 g gehackte Mandeln
1/2 TL Zimt
abgeriebene Schale einer unbehandelten Zitrone
250 g (2- 3 Stück) Birnen

Fett und Zucker werden schaumig gerührt. Das mit dem Backpulver vermischte Mehl und die Milch werden dazugegeben und gut verrührt.

Für die Füllung wird der Mohn in die kochende Milch eingerührt, kurz aufgekocht und mit den übrigen Zutaten vermischt. Danach abkühlen lassen.

Die Birnen schälen, das Kerngehäuse entfernen, in schmale Streifen schneiden und mit etwas Zitronensaft beträufeln. Nun den Teig mit dem Mohn vermischen, in eine gefettete, mit Mehl ausgestäubte Springform (28 cm Ø) geben, glattstreichen, mit den Birnenscheiben rundum belegen, diese etwas eindrücken und den Kuchen bei 170 Grad ca. 50 Minuten backen.

Mohnkuchen

150 g Butter oder Margarine
150 g Vollrohrzucker oder 100 g Honig
2 geh. EL Sojamehl, angerührt mit etwas kalter Milch
500 g Vollweizenmehl
1 Päckchen Backpulver
1 Prise Salz
ca. 350 ml kalte Milch oder Mineralwasser

Füllung:
125 g gemahlenen Mohn
1/8 l Milch
1 Msp. ger. Muskat
1 Msp. Nelken
1/2 TL Zimt
1 EL Vollrohrzucker oder Honig

Der Mohn wird in die kochende Milch eingerührt, kurz aufgekocht, mit den anderen Zutaten vermischt und kalt gestellt.
Butter, Zucker, Sojamehl und Salz zu einer cremigen Masse verrühren. Das mit dem Backpulver vermischte Mehl abwechselnd mit der Milch langsam darunterrühren. Man verwende nur so viel Milch, dass der Teig schwer reissend vom Löffel fällt. Gut die Hälfte des Teiges wird nun in eine gefettete, mit Semmelbröseln ausgestreute Kasten- oder Napfkuchenform gefüllt. Der Rest des Teiges wird mit dem Mohn vermischt (er sollte wieder schwer vom Löffel fallen) und ebenso in die Form gegeben. Um eine bessere Verteilung der Mohnmasse zu erzielen, zieht man eine Gabel spiralenförmig durch die beiden Teighälften. Mit einem Messer die Teigoberfläche aufschlitzen.
Bei 170 Grad etwa 50 - 55 Minuten backen.

Möhrenkuchen

Öl und Zucker gut verschlagen, Zitronensaft und -schale dazugeben. Dann die Speisestärke, Nüsse und Möhren unterrühren, zuletzt das mit Backpulver vermischte Mehl. Der Teig sollte nicht zu weich sein. In eine gefettete, mit Semmelbröseln ausgestreute Kastenform füllen und im vorgeheizten Backofen bei 170 Grad ca. 40 Min. backen.

6 EL Öl
100 g Vollrohrzucker
1 EL Zitronensaft
1 TL Zitronenschalenaroma
200 g geputzte, fein geriebene Möhren
90 g Speisestärke
200 g feingeriebene Haselnüsse oder Mandeln
150 g Vollweizenmehl
1 Päckchen Backpulver

Rübli-Torte

200 g weiche Butter oder Margarine
150 g Vollrohrzucker oder 200 g Honig
150 g gemahlene Haselnüsse oder Mandeln
350 g Vollweizenmehl
1 Päckchen Backpulver
1 Prise Salz
1 TL Zimt
1 TL abgeriebene Schale einer unbehandelten Zitrone
250 g geputzte, fein geriebene Karotten
evtl. gemahlene oder gehackte Nüsse zum Bestreuen

Butter oder Margarine mit Zucker oder Honig schaumig rühren. Mehl, mit Backpulver vermischen, Nüsse, Salz, Zimt und Zitronenschale nach und nach unter die Fettmischung rühren. Karotten untermengen. Der Teig sollte nicht zu feucht sein, da die Karotten noch Feuchtigkeit abgeben, evtl. noch etwas Mehl dazugeben. Teig in eine gefettete Springform füllen, bei 180 Grad ca. 35 - 40 Min. backen.

Nach dem Abkühlen mit flüssigem Honig bepinseln und mit gemahlenen Nüssen bestreuen, oder die Torte vorsichtig durchschneiden und mit Nusssahne oder einer Vanillecreme füllen und mit Marzipan-Karotten verzieren.

Orangenkuchen

250 g Butter oder Margarine
150 g Vollrohrzucker oder Honig
5 EL Soyamehl (angerührt mit etwas Milch)
475 g Vollweizenmehl
1 P. Backpulver
abger. Schale einer unbehandelten Orange und einer Zitrone
200 ml Orangensaft

Fett und Zucker bzw. Honig schaumig rühren, nach und nach Sojamehl, Zitronen- und Orangenschale zugeben. Zuletzt Mehl mit Backpulver und Orangensaft nach und nach unterrühren. In einer gefetteten Kastenform bei 180 Grad ca. 50 Min. backen. Stürzen. Nach dem Erkalten evtl. mit einer Zitronenglasur bestreichen.

Variante zu Orangenkuchen

Marzipan und Zucker verkneten, in der Größe des Kuchens ausrollen.
Erkalteten Kuchen in der Mitte längs durchschneiden.
Marmelade dünn auf die untere Kuchenhälfte streichen, Marzipan darüber legen, restliche Marmelade darauf streichen und die obere Kuchenhälfte aufsetzen und fest andrücken.
Mit Schokoglasur bestreichen und fest werden lassen.

100 g Honigmarzipan
2 EL Puderzucker
3 EL Orangenmarmelade
1 Schokoglasur
(s. Glasuren S. 225-226)

Quark-Nuss-Kuchen

Öl mit Zucker bzw. Honig schaumig rühren, Rosinen, Nüsse und Salz zugeben. Die Milch langsam unterrühren, ebenso den Quark mit Zitronensaft und -schale. Zuletzt das Mehl mit Backpulver dazugeben und gut unterarbeiten. Den Teig in eine gefettete Kastenform geben und 45 - 60 Minuten bei 175 Grad backen.

500 g Vollweizenmehl
170 g Vollrohrzucker oder
150 g Honig
Saft und Schale einer
unbehandelten Zitrone
100 g Sonnenblumenöl
etwas Salz
125 g geriebene Nüsse
125 g Rosinen
ca. 1/2 Tasse Milch
150 g Quark
1 Päckchen Backpulver

Schokokuchen

150 g Margarine
150 g Vollrohrzucker
1 Prise Salz
250 g Vollweizenmehl
1 Päckchen Backpulver
2 EL Kakao
50 g Schokolade (1/2 Tafel)
150 g gem. Mandeln
180 ml Mineralwasser oder Milch
4 TL Ei-Ersatz-Pulver
1 Beutel Schokoladenglasur

Margarine schaumig rühren. Zucker und Salz zugeben und nochmals gut rühren. Mehl und Backpulver mischen und unter die Fett-Zuckermasse rühren. Kakao, die geriebene oder im Waserbad geschmolzene Schokolade und die gemahlenen Mandeln untermischen. Mineralwasser bzw. Milch hinzugeben, zuletzt das mit 80 ml Wasser schaumig geschlagene Ei-Ersatz-Pulver unterziehen, der Teig soll locker sein.

In eine gefettete Kastenform füllen. 45 - 50 Minuten bei ca. 180 Grad backen. Nach dem Erkalten mit Schokoglasur bestreichen.

Sojatorte mit Creme- oder Sahnefüllung

300 g Vollweizenmehl
3 gehäufte EL Sojamehl
150 g Butter
150 g Vollrohrzucker
etwas Milch
3 TL Backpulver
1/2 TL Natur-Vanillepulver
abgeriebene Schale einer unbehandelten Zitrone

Butter und Zucker schaumig rühren, Sojamehl, Vanille und Zitrone dazugeben, ebenso ein wenig Milch und so lange rühren, bis eine cremige Masse entsteht. Einen Teil des mit Backpulver vermischten Mehls dazugeben, den Rest darunter kneten. Der Teig soll geschmeidig sein.

Aus der Teigmasse drei gleichgrosse Tortenböden formen (Backpapier ist hilfreich) und bei 180 - 200 Grad 15 - 20 Minuten backen. Nach dem Erkalten beliebig gefüllt (siehe Kuchen- und Tortenfüllungen) zusammensetzen. 12 Stunden durchziehen lassen!

Zimtkuchen

Fett und Zucker schaumig rühren. Gewürze zugeben. Das mit Backpulver und Speisestärke vermischte Mehl abwechselnd mit der Milch unterrühren, zuletzt die Mandeln und evtl. das verschlagene Ei-Ersatz-Pulver. Der Teig soll schwer vom Löffel fallen.
Den Teig in eine gefettete, mit Semmelbröseln ausgestreute Kastenform füllen und bei 160 - 175 Grad ca. 55 Min. backen.
Stürzen, nach dem Erkalten evtl. mit einer Kakao-Carob-Glasur (siehe Kuchen- und Tortenglasuren) überziehen und mit gestiftelten Mandeln spicken oder mit Kokosraspeln bestreuen.

200 g Butter oder Margarine
180 g Vollrohrzucker
300 g Vollweizenmehl
100 g Speisestärke
1 Päckchen Backpulver
1/2 TL Vanillepulver
1 EL Kakao
1 EL Zimt
75 g gehackte Mandeln oder Sonnenblumenkerne
ca. 250 ml Milch
50 g gestiftelte Mandeln zum Garnieren
evtl. 4 TL Ei-Ersatz-Pulver (siehe Schokokuchen)

Obst-Streuselkuchen

Teig:

100 g Butter
60 g Honig
150 g Schmand
1 Msp. Salz
1 TL abger. Zitronenschale
3 TL Backpulver
150 g Vollweizen oder Dinkelvollkornmehl

Belag:

ca. 750 g Äpfel*
60 g Rosinen
2 TL Zimt
1 Msp. Nelkenpulver
1 P. Vanillezucker

Streusel:

190 g Vollweizen- oder Dinkelmehl
100 g Butter
80 g Honig

****anstelle von Äpfel können auch ca. 750 g entsteinte Aprikosen oder Zwetschgen (dann ohne Rosinen) oder ca. 750 g Heidelbeeren (auch ohne Rosinen) verwendet werden***

Butter mit Honig schaumig schlagen. Schmand, Zitronenschale und Salz zugeben und alles zusammen zu einer cremigen Masse verrühren.

Mehl, Backpulver dazu geben und nochmals alles gut durchrühren. Teig in eine gefettete Springform (26-28 cm Ø) füllen und kalt stellen.

Für den Belag die Äpfel schälen, vierteln, entkernen und in schmale Spalten oder kleine Würfel schneiden. Rosinen heiß abspülen, mit den Gewürzen unter die Äpfel mischen.

Für den Streusel alle Zutaten in einer Schüssel verkneten un zu Streusel zerbröseln.

Die Äpfel mischung auf dem Teig verteilen (schmalen Rand frei lassen), darüber die Streusel geben und bei 150 - 160 Grad ca. 45 Min. backen.

Walnuss-Orangen-Kuchen

Fett, Zucker, Zimt und Zitronenschale cremig rühren. Mehl, Backpulver und Nüsse mischen und locker unterziehen. 2/3 des Teiges in eine gefettete Springform (28 cm Ø) füllen, mit der Marmelade bestreichen (einen Rand freilassen) und den restlichen Teig entweder als Gitter spritzen oder zu Rollen formen und damit ein Gitter legen. Mit Milch bepinseln und bei 175 - 180 Grad etwa 35 - 45 Minuten backen.

200 g Butter
200 g Vollrohrzucker
1 Prise Salz
1 TL Zimt
250 g Vollweizenmehl
abgeriebene Schale einer unbehandelten Zitrone
50 g gemahlene Walnusskerne
1 gestrichener TL Backpulver
1/2 Glas Orangenmarmelade

Schokoladentorte

120 g Butter oder Margarine
120 g Vollrohrzucker
100 g feines Vollweizenmehl
50 g Speisestärke
1 EL Sojamehl
2 gestr. TL Backpulver
90 g gem. Mandeln
60 g bittere Schokolade
6 TL Ei-Ersatz-Pulver

Die Schokolade im Wasserbad zerlaufen lassen, das Ei-Ersatz-Pulver in 80 ml Wasser schaumig schlagen.

Butter und Vollrohrzucker schaumig rühren, das mit Backpulver und Speisestärke und Sojamehl vermischte Mehl dazugeben und mit dem Ei-Ersatz-Pulver verrühren. Gemahlene Mandeln und Schokolade hinzufügen und nochmals alles zusammen gut verrühren. Die Masse in eine gefettete Springform (24 cm Ø) füllen und im vorgeheizten Backofen bei 170 - 180 Grad etwa 30 - 35 Minuten backen.

Nach dem Backen etwas abkühlen lassen, vorsichtig aus der Form lösen. Erst nach Erkalten die Torte einmal durchschneiden und mit Schoko-Sahne füllen und bestreichen (siehe Kuchen- und Tortenfüllungen).

Herrischrieder Haustorte

140 g Vollrohrzucker
50 g Butter oder Margarine
300 g Vollweizenmehl
1 Päckchen Backpulver
1 Pr. Salz
abgeriebene Schale einer unbehandelten Zitrone
ca. 1/8 l Milch
4 TL Ei-Ersatz-Pulver

Mandarinen-Zitronen-Füllung:

2- 3 EL säuerliche Marmelade
2 unbehandelte Zitronen
3 Dosen Mandarin-Orangen à 314 ml
80 g Vollzucker
2 TL Agar-Agar, ca 4 g
800 g Schlagsahne
ca. 150 g geröstete Mandelblättchen
50 g halbbitter Kuvertüre
1 TL Biobin

Fett und Zucker gut schaumig rühren. Das mit Backpulver und Salz vermischte Mehl abwechselnd mit der Milch dazugeben. Zuletzt das mit 80 ml Wasser verschlagene Ei-Ersatz-Pulver und die Zitronenschale unterrühren. Der Teig sollte geschmeidig vom Löffel fallen. In einer gut gefetteten Springform (24 - 26 cm Ø) bei 180 Grad ca. 35 - 40 Minuten goldgelb backen.

Den erkalteten Tortenboden zweimal quer durchschneiden und den unteren Boden mit der Marmelade bestreichen. Den zweiten Boden darauf setzten, einen Tortenring darumlegen. Mandarinen abtropfen lassen, Saft auffangen, Zitronen waschen, Schale abreiben und auspressen, mit Mandarinensaft auf 1/8 l auffüllen. Saft, Zitronenschale und Zucker vermischen, Agar-Agar darin glatt rühren und ca. 1 Min. kochen lassen. Kalt stellen. 400 g Sahne steif schlagen; sobald der Saft zu gelieren beginnt, mit den Mandarinen vermischen und und die Sahne unterheben, in den Tortenring streichen. Mit dem dritten Boden bedecken und einige Stunden kalt stellen. Restliche Sahne mit Biobin o.ä. steif schlagen, mit ca. 2/3 davon die Torte einstreichen, Kuvertüre schmelzen, Torte mit Mandelblättchen, Kuvertrürestreifen und Rest Sahne verzieren.

Die Torte kann mit jeder beliebigen Sahne-, Butter-, oder Quarkcreme (s. Kuchen- und Tortenfüllungen) gefüllt werden.

Himbeer-Sahne-Torte

100 g Butter oder Margarine
85 g Vollrohrzucker
einige Tropfen Bittermandel-aroma
75 g Vollweizenmehl
30 g Speisestärke
1 geh. TL Backpulver
75 g gem. Mandeln
etwas Mineralwasser
4 TL Ei-Ersatz-Pulver

Fett, Zucker und Aroma schaumig rühren, Mehl, Speisestärke, Backpulver zugeben und mit Mineralwasser zu einem geschmeidigen Teig verrühren. Zuletzt das mit 80 ml verschlagene Ei-Ersatz-Pulver untermischen.
Teig in eine gefettete Springform (26 cm Ø) füllen und bei 200 Grad ca. 15 - 20 Min. backen.
Gut abkühlen lassen.

Füllung:

500 g Himbeeren
(evtl. auch tiefgekühlte Ware)
1 EL Zitronensaft
80 g Vollrohrzucker
1 P. Vanille-Zucker
600 g Schlagsahne
3 TL Agar-Agar
ca. 30 g Mandelblättchen
1 TL Biobin

Die Hälfte der Himbeeren mit Zitonensaft pürieren und durch ein Sieb streichen. Zucker und Vanille-Zucker zugeben und zum Kochen bringen. Agar-Agar mit etwas Wasser glattrühren, in das Himbeer-Püree einlaufen lassen und ca. 1 Min. kochen lassen. Kalt stellen. Sobald die Masse zu gelieren beginnt, 400g steif geschlagene Schlagsahne und die restlichen Himbeeren unter das Püree heben. Die Masse auf den Tortenboden streichen und 3-4 Std. kalt stellen.
Restliche Sahne mit Biobin steif schlagen und den Tortenrand damit bestreichen bzw. die Torte verzieren. Geröstete Mandelblättchen an den Tortenrand drücken.

Fruchtige Käsetorte

125 g Margarine
200 g Vollrohrzucker
1 Päckchen Vanillezucker
1 kg Magerquark
2 geh. EL Sojamehl, trocken
abgeriebene Schale einer unbehandelten Zitrone
3 schwach geh. EL Griess
40 g Speisestärke
1 Päckchen Backpulver

Belag:

Früchte nach Wahl, am besten verschiedene in unterschiedlichen Farben, z.B. Erdbeeren, Ananas und Kiwis oder Aprikosen, Bananen und Kirschen.
Klarer Tortenguss oder 1/4 l hellen Obstsaft und 1 TL Agar-Agar.

Margarine, Zucker und Vanillezucker schaumig rühren. Quark, Sojamehl und Zitronenschale untermischen. Griess und Speisestärke mit dem Backpulver vermengen und unterziehen. In eine gefettete, mit Semmelbröseln ausgestreute Springform (28 cm Ø) geben.
Bei 175 Grad 30 - 40 Min. backen. Nach dem Erkalten mit Hilfe eines Kuchenretters vorsichtig auf eine Platte heben, mit Früchten belegen (Dosenobst vorher gut abtropfen lassen) und mit Tortenguss überziehen (siehe Kuchen- und Tortenglasuren).

Zitronenmuffins

280 g Dinkelmehl Type 630
1 P. Vanillezucker
3 TL Backpulver
1/2 TL Natron
1 Prise Salz
180 g Vollrohrzucker
2 unbehandelte Zitronen
80 ml neutrales Öl
250 g Naturjogurt

Den Backofen auf 180 - 200 Grad vorheizen. Muffinform ausfetten und mit Mehl bestäuben oder in Papierförmchen hineinsetzen.
Alle trockenen Zutaten in einer Rührschüssel gut vermischen.
Abgeriebene Zitronenschale und Saft dazu geben, ebenso Öl und Jogurt.
Alle Zutaten kräftig verrühren.
Die Vertiefungen der Form zu 2/3 hoch mit dem Teig füllen, auf der mittleren Schiene die Muffins ca. 20 Min. backen. Anschließend in der Form ca. 5 Min. abkühlen lassen, vorsichtig die Muffins herausheben.
Nach Belieben mit einer Zitronenglasur bestreichen (siehe Rezepte „Glasuren“) und garnieren.

Kokosmuffins

Den Backofen auf 180 - 200 Grad vorheizen. Muffinform ausfetten und mit Mehl bestäuben oder Papierförmchen hineinsetzen.
Alle trockenen Zutaten in einer Rührschüssel gut vermischen.
Öl und Jogurt zugeben und alles zusammen verrühren.
Die Vertiefungen der Form zu 2/3 mit Teig füllen, auf der mittleren Schiene des Backofens bei 180 - 200 Grad ca. 20 Min backen.
Form ca. 10 Min. abkühlen lassen, Muffins herauslösen. Nach dem Erkalten glasieren. Dafür Zucker und Zitronensaft glatt rühren.
Mit Kokosraspeln bestreuen.

125 g Vollweizenmehl Type 1050
125 g Weizenmehl Type 550
3 Tl. Backpulver
1/2 TL Natron
1 Prise Salz
130 g Vollrohrzucker
100 g Kokosraspel
1/2 TL Zimt
1 Msp. gem. Nelken
abgeriebene Schale einer unbehandelten Zitrone
80 ml neutrales Öl
200 g Naturjogurt

Für die Glasur:
150 g Puderzucker
2 EL Zitronensaft
20 - 30 g Kokosraspel

Schokoladenmuffins

100 g Vollweizenmehl Type 1050
100 g Weizenmehl Type 550
1 P. Vanillezucker
3 TL Backpulver
1/2 TL Natron
1 Msp. Salz
130 g Vollrohrzucker
60 g fein geriebene Schokolade
80 ml neutrales Öl
200 g Naturjogurt

Den Backofen auf 180 - 200 Grad vorheizen. Muffinform ausfetten und mit Mehl bestäuben oder in Papierförmchen hineinsetzen.

Alle trockenen Zutaten in einer Rührschüssel gut vermischen. Öl und Jogurt zugeben und alles zusammen mit dem Schneebesen verrühren.

Die Vertiefungen der Form zu 2/3 mit Teig füllen und die Muffins auf der mittleren Schiene im vorgeheizten Backofen bei 180 Grad ca. 20 - 25 Min. backen. Danach 10 Min. abkühlen lassen und vorsichtig aus der Form lösen.

Die Muffins können auch mit einer Schoko-Glasur auf der Oberseite bestrichen werden (siehe Kapitel „Glasuren").

Hefemuffins mit Rosinen

250 g Vollweizenmehl
ca. 20 g frische Hefe
ca. 120 ml lauwarme Milch
50 g Vollrohrzucker
1 TL Salz
50 g gem. Mandeln
50 g Margarine oder weiche Butter
100 g Rosinen

In der lauwarmen Milch die Hefe auflösen. Mehl, Salz, Zucker und Mandeln in einer Rührschüssel vermischen, Butterstückchen dazugeben, Hefemilch darüber gießen und alles zu einem glatten Teig verknete. An warmer Stelle zugedeckt gehen lassen (etwa 35 - 40 Min.) bis sich sein Volumen verdoppelt hat. Danach den Teig auf bemehlter Arbeitsfläche nochmals durchkneten, dabei die Rosinen untermischen.

Backofen auf 180 Grad vorheizen.
Muffinförmchen gut ausfetten. Den Teig in 12 gleiche Teile teilen, Kugeln formen und in die Vertiefungen der Muffinform setzten.

Im Backofen auf der mittleren Schiene 20 - 25 Min. backen. Danach etwa 5 Min. ruhen lassen, aus der Form herausheben und nach Belieben mit Zimt-Zucker bestäuben

Varianten:

Man kann die Muffins auch nur mit gehackten Mandeln zubereiten oder klein geschnittene Trockenfrüchten oder mit einer festen Marmelade füllen.

Knetteig

Back-Kurs für Knetteig

Grundrezept

200 g Vollweizenmehl
100 g kalte Butter oder Margarine
65 g Vollrohrzucker oder Honig
2 - 3 EL Milch oder Sahne
1 EL Sojamehl
1 Msp. Backpulver
evtl. 1 TL Vanillezucker

1. Mehl auf ein Backbrett geben. Backpulver, (Vanille-) Zucker, 2 EL Milch und Sojamehl dazugeben.
2. Fett in Stücke schneiden, auf der Mehlmischung verteilen, mit den Fingern rasch unterkneten. Wichtig ist: das Fett muß kalt sein. Evtl. noch 1 EL Milch hinzufügen. Den glatten Teig ca. 30 Minuten im Kühlschrank ruhen lassen.
3. Eine Springform einfetten, Teig mit den Händen flach hineindrücken, am Rand der Form etwas nach oben drücken, so dass eine kleine Erhöhung entsteht. Boden mehrmals mit einer Gabel einstechen. Bei 200 - 225 Grad (den Ofen immer vorheizen!) 15 - 20 Minuten backen.

Verwendungsmöglichkeiten: Der Knet- oder Mürbteig eignet sich besonders gut zur Herstellung von Obst-, aber auch von Quarkkuchen, Linzertorte oder Kleingebäck und Plätzchen.

Gedeckter Apfel- oder Kirschkuchen

Teig:
350 g Vollweizenmehl
2 gestr. TL Backpulver
100 g Vollrohrzucker
etwas Salz
2 EL Sahne oder Milch
50 g gem. Haselnüsse
200 g Butter oder Margarine

Füllung 1:
1- 1 1/2 kg Äpfel
2 EL Wasser
2 EL Vollrohrzucker oder Birnendicksaft
1/2 TL Zimt
1 1/2 TL Speisestärke
1 Msp. gem. Nelken
2 EL gewaschene Rosinen
1 unbehandelte Zitrone
1 EL Mandelsplitter

Füllung 2:
1 kg Sauerkirschen
oder 2 Gläser entsteinte Sauerkirschen à 720 ml
120 g Vollrohrzucker (evtl. auch Honig, Ahornsirup oder Birnendicksaft)
1 unbehandelte Zitrone
1 TL Zimt
35 g Speisestärke

Die Zutaten für den Teig auf ein Backbrett geben, die Butter in Stückchen schneiden und alles rasch zu einem glatten Teig verarbeiten, den man eine Zeit lang kalt stellt. Gut 1/3 des Teiges auf den Boden einer gefetteten Springform (26 - 28 cm Ø) ausrollen, mehrmals mit der Gabel einstechen und hellgelb backen. Aus dem übrigen Teig eine Platte in der Größe der Form und eine fingerdicke Rolle formen, die man als Rand auf den vorgebackenen Boden legt und so an den Rand der Form drückt, dass ein etwa 3 cm hoher Rand entsteht. Die abgekühlte Füllung nun auf den Boden streichen, vorsichtig die Teigplatte darüber legen, mehrmals mit einer Gabel einstechen und mit etwas Sahne oder Milch bepinseln.
Bei 200 - 225 Grad etwa 20 - 25 Minuten backen.

Zubereitung der Füllungen:

1. Die Äpfel werden geschält, Kerngehäuse entfernt, in Stücke geschnitten und mit Wasser, Zucker oder Dicksaft, Gewürzen, Rosinen, Saft und Schale der Zitrone und Speisestärke vermischt und unter Rühren leicht gedünstet. Dann stellt man die Füllung kalt und rührt die Mandelstifte darunter.

2. Die Kirschen werden entsteint und mit etwas Zucker (oder einem der anderen Süßungsmittel) zum Kochen gebracht. Auf einem Sieb gut abtropfen und kalt werden lassen. Kirschen im Glas abtropfen lassen. Man misst nun ca. 1/4 l von dem abgelaufenen Saft ab (evtl. mit Wasser auffüllen), gibt Zitronensaft und abgeriebene Zitronenschale sowie den Zimt dazu und bringt ihn zum Kochen. Die Speisestärke mit 4 EL des kalten Saftes verrühren, in den kochenden Saft einlaufen lassen undkurz aufkochen. Die abgetropften Kirschen dazu geben, nochmals mit Zucker oder einem anderen Süßungsmittel abschmecken und die Füllung kalt stellen.

Apfel-Gitter-Kuchen

350 g Vollweizenmehl
200 g weiche Butter oder Margarine
75 g Vollrohrzucker
2 EL Milch

Füllung:
1 kg säuerliche Äpfel
Saft und abgeriebene Schale einer unbehandelten Zitrone
100 g Sultaninen
75 g gehackte Walnusskerne
je 1 TL gem. Ingwer und Zimt
2 gehäufte TL Speisestärke
1 EL Sahne oder Milch

Mehl mit Fett, Zucker und Milch verkneten. Teig 1 Stunde kühl stellen. Eine Springform (26 cm Ø) leicht einfetten. 3/4 des Teiges auswellen. Form damit auslegen, einen Rand hochziehen. Übrigen Teig ebenfalls ausrollen und 1 cm breite Streifen ausrädeln.

Für die Füllung die Äpfel schälen, halbieren, entkernen, in dünne Blättchen schneiden und sofort mit Zitronensaft beträufeln. Sultaninen mit heißem Wasser überbrausen und abtropfen lassen. Äpfel, Sultaninen und übrige Zutaten miteinander vermischen und auf dem Teig verteilen. Aus den Teigstreifen ein Gitter auf die Apfelmasse legen, mit Sahne oder Milch bepinseln.

Im vorgeheizten Backofen bei 180 Grad ca. 50 Minuten backen.

Apfelkuchen auf dem Blech

Alle Zutaten rasch zu einem glatten Teig verkneten, mindestens 1 Stunde kalt stellen. Die Hälfte des Teiges auf einem gefetteten Backblech ausrollen. Die geschnittenen Äpfel mit Zitronensaft und -schale, Zimt und Rosinen vermischen und auf dem Teig verteilen. Die zweite Teighälfte auf Alufolie oder Backpapier in der Größe des Blechs ausrollen, auf die Äpfel stülpen und vorsichtig die Folie abziehen. Ränder fest andrücken, mit etwas Milch bepinseln und bei 190 - 200 Grad ca. 30 - 35 Minuten backen.

500 g Vollweizenmehl
160 g Vollrohrzucker
250 g Butter
1 Päckchen Backpulver
1 Prise Salz
ca. 120 ml Milch
1 EL Sojamehl

Füllung:
ca. 1000 g Äpfel, in feine Spalten oder Scheiben geschnitten
80 g Rosinen
etwas Zimt
Saft und Schale einer halben unbehandelten Zitrone

Apfelkuchen mit Mandeln

250 g Dinkelvollweizenmehl
1/2 Päckchen Backpulver
125 g Vollrohrzucker oder Honig
125 g Butter oder Margarine
1 Päckchen Vanillezucker
1 Prise Salz
7 EL Milch

Belag:
ca. 500 g Äpfel
50 g Rosinen
50 g gestiftelte Mandeln
1 TL Butter
2 EL Saft einer unbehandelten Zitrone
1 EL flüssigen Honig

Alle Zutaten rasch zu einem glatten Teig verkneten und etwa 1/2 Stunde kalt stellen.
Danach auswellen, in eine gefettete Springform (28 cm Ø) geben und den Rand etwas hochdrücken. Äpfel schälen, in gleichmässige Spalten schneiden, Rosinen waschen, Mandelstifte in Butter kurz anrösten. Die Apfelspalten in abwechselnder Richtung auf den Teigboden dicht nebeneinander legen, mit Zitronensaft beträufeln und mit Honig bestreichen. Rosinen und Mandeln darüber verteilen.
Im vorgeheizten Backofen ca. 30 Minuten bei 175 Grad backen.

Streuselkuchen mit Äpfeln und Quark

250 g Vollweizenmehl
80 g Vollrohrzucker
1 Päckchen Vanillezucker
125 g Butter oder Margarine
1 Prise Salz

Füllung:
ca. 500 g Äpfel
500 g Magerquark
6 EL Öl
125 g Vollrohrzucker oder 4 EL Honig
abgeriebene Schale und Saft einer unbehandelten Zitrone
1 Päckchen Vanille-Puddingpulver
1 EL Sojamehl
100 ml Mineralwasser
1 TL Backpulver

Mehl, Zucker und Vanillezucker mischen, die zerlassene Butter darübergiessen und alles zu Streuseln verarbeiten. 2/3 der Menge auf den Boden einer gefetteten Springform (26 cm Ø) fest andrücken.
Äpfel schälen, entkernen, in schmale Spalten schneiden und den Teigboden damit kranzförmig belegen.
Quark und Puddingpulver glatt rühren, Zucker oder Honig zufügen, ebenso Gewürze, Sojamehl, Öl und zuletzt das Wasser. Nochmals alles zusammen gut verrühren und auf den Äpfeln verteilen. Die restlichen Streusel gleichmässig darüberstreuen und im vorgeheizten Backofen ca. 40 - 50 Minuten bei 180 - 190 Grad backen. Etwas abkühlen lassen, ehe man den Kuchen aus der Form nimmt.

Apfel-Streuselkuchen
(auf dem Blech)

200 g Butter oder Margarine
300 g Vollweizenmehl
100 g Vollrohrzucker oder Honig
1 Päckchen Vanillezucker
2 gestr. TL Backpulver
abgeriebene Schale einer unbehandelten Zitrone
Milch
2 EL Sojamehl
Belag:
ca. 1 kg Äpfel
ca. 1/2 Tasse Rosinen

Streusel:
150 - 180 g Butter
250 g Vollweizenmehl
125 g Vollrohrzucker
1 Päckchen Vanillezucker
Zimt

Mehl auf ein Backbrett sieben, Butter in Flöckchen dazugeben, ebenso Zucker, Sojamehl, Vanillezucker, Backpulver, Zitronenschale und etwas Milch. Einen Knetteig herstellen, der nicht kleben sollte, ggf. noch etwas Mehl dazugeben, bis ein geschmeidiger Teig entsteht 30 Min. Kalt stellen. Ein Backblech mit Backpapier auslegen. Teig darauf ausrollen, leicht mit Butter bestreichen. Äpfel schälen, Kerngehäuse entfernen, in Scheiben schneiden. Teig damit belegen, mit Vanillezucker bestreuen und die gewaschenen Rosinen darüber verteilen. Alle Zutaten für die Streusel zwischen den Fingern zerbröseln, auf die Äpfel streuen.
Bei 175 - 180 Grad ca. 40 Minuten backen. Die letzten 10 Minuten den Kuchen mit Alufolie abdecken, damit die Streusel nicht zu dunkel werden.

Mürber Pflaumen-Streusel-Kuchen

350 g Vollweizenmehl
1/2 TL Backpulver
75 g Vollrohrzucker
100 g Crème fraîche
200 g Butter oder Margarine

Belag:
1 kg Pflaumen, entkernt und halbiert
2 EL Semmelbröseln
Streusel:
150 g Vollweizenmehl
75 g Butter
1 Päckchen Vanillezucker
1 TL Zimt
30 g gem. Mandeln
50 g Vollrohrzucker

Alle Zutaten rasch zu einem glatten Teig verkneten und 1/2 Stunde kalt stellen. Danach dünn ausrollen und ein gefettetes Backblech damit belegen. Auf unterer Schiene 10 Min. bei 180 Grad vorbacken.
Mit Semmelbröseln bestreuen und mit Pflaumen dicht belegen. Die Zutaten für den Streuselteig rasch verkneten und zu Streuseln zerkrümeln. Die Pflaumen damit bestreuen.
Bei 180 Grad ca. 35 Min. backen.

Streuselkuchen mit Stachelbeeren
(oder anderen Früchten)

400 g Vollweizenmehl
100 g gem. Mandeln
250 g Butter oder Margarine
1 Prise Salz
150 - 200 g Vollrohrzucker
1 gestr. TL Zimt
1 TL Backpulver
abgeriebene Schale einer halben unbehandelten Zitrone
2 EL Milch oder Sahne

Füllung:
500 - 750 g Stachelbeeren
175 g Vollrohrzucker oder Honig
oder: 750 g rohes oder eingemachtes Obst (Äpfel, Kirschen, Pflaumen, Aprikosen, Pfirsiche)

Mehl, Mandeln, Backpulver, Zucker, Salz und Gewürze in einer Schüssel mischen. Fett zerlassen und nach und nach zu den übrigen Zutaten geben. Teig mit den Fingern zerkrümeln. Springform (26 cm Ø) einfetten, gut die Hälfte des Teiges einfüllen und festdrücken, einen kleinen Rand hochziehen. Das vorbereitete Obst auf den Boden verteilen und den restlichen Teig als Streusel gleichmässig darüberstreuen.
Für die Füllung werden die Stachelbeeren gewaschen und in 1/4 l Wasser mit Zucker oder Honig ca. 5 Minuten bei schwacher Hitze gegart. Abgiessen und abkühlen lassen. Äpfel werden geschält und in feine Scheiben geschnitten, härtere Sorten dünstet man am besten in wenig Wasser halb gar und schmeckt sie nach Belieben ab. Kirschen, Pflaumen, Aprikosen, Pfirsiche werden entsteint bzw. halbiert, Pfirsiche geschält. Eingemachtes Obst läßt man auf einem Sieb gut abtropfen.
Im vorgeheizten Backofen bei 190 - 200 Grad ca. 40 - 45 Minuten backen.

Mürber Apfelstrudel

250 g Vollweizenmehl
250 g Butter
40 g Vollrohrzucker
4 EL saurer Rahm
1 Prise Salz

Füllung:
1 kg Äpfel
100 g Rosinen
50 g Mandelstifte
abgeriebene Schale einer unbehandelten Zitrone
etwas Zimt
evtl. 75 g Vollrohrzucker (je nach Apfelsorte)

Aus Mehl und den anderen Zutaten schnell einen glatten Teig kneten, den man 2 Stunden kalt stellt. Danach ausrollen wie Blätterteig (siehe Backkurs Blätterteig) und wieder kalt stellen. Zweimal wiederholen.
Auf bemehlter Unterlage zu einem Rechteck dünn ausrollen. Die Hälfte des Teiges auf ein gefettetes Backblech legen, die Apfelfüllung darauf verteilen und mit der zweiten Hälfte zudecken. Mit Sahne oder Milch bepinseln und bei 200 Grad etwa 30 Minuten backen.
Für die Füllung die Äpfel schälen und das Kerngehäuse entfernen. Danach grob raspeln und mit den anderen Zutaten vermischen.

Wiener Apfelstrudel

200 g Dinkelvollkornmehl oder Vollweizenmehl
3 EL Öl
ca. 1/8 l lauwarmes Wasser
1 Prise Salz

Füllung:
ca. 750 g in feine Scheiben geriebene Äpfel
100 g Mandelstifte
50g Rosinen
etwas Zimt
Saft und Schale einer unbehandelten Zitrone
ca. 100 g Semmelbrösel
etwa 100 g Butter

Das Mehl auf ein Backbrett geben und in die Mitte eine Vertiefung drücken, in die Öl, Salz und Wasser kommen. Von der Mitte aus vorsichtig einen glatten Teig kneten, der so gründlich durchgearbeitet werden muss, dass er elastisch wird (etwa 5 - 10 Minuten lang). Eine Kugel formen, mit Öl bestreichen und unter einem erwärmten Topf 45 Minuten ruhen lassen. Auf dem Tisch ein Küchentuch ausbreiten, mit Mehl bestäuben, darauf den Teig ausrollen, dann mit flachen Händen hauchdünn ausziehen, bis man das Muster des Tuches deutlich erkennt.

Zur Füllung die Teigplatte mit flüssiger Butter bepinseln und mit 100 g in Butter gerösteten Semmelbröseln bestreuen. Dabei an den Rändern etwa 3 cm frei lassen. Äpfel mit Mandeln, Rosinen und Gewürzen vermischen und auf der übrigen Teigplatte verteilen. Dann schlägt man die freigebliebenen Teigränder über die Füllung und rollt mit Hilfe des Tuches den Teig zu einem Strudel auf. Enden fest andrücken und den Strudel auf ein gefettetes Backblech vom Tuch gleiten lassen.

Nochmals mit Butter bepinseln und bei 200 Grad ca. 45 Minuten backen. Während des Backens sollte er mehrfach mit Butter bepinselt werden. Noch warm wiederholt mit Butter bestreichen und in Stücke schneiden.

(Siehe Abbildung rechts)

Früchte-Strudel

Füllung:
ca. 400 g Pflaumenmus
100 g Datteln
150 g getrocknete Feigen
100 g Rosinen
120 g gehackte Walnüsse
100 g gehackte Mandeln
150 g flüssigen Honig
3 EL Sahne
1/4 TL Biobin o.ä.
Saft und Schale einer unbehandelten Zitrone
1 TL Zimt
Rumaroma

Strudelteig siehe "Wiener Apfelstrudel"

Rosinen waschen und gut abtropfen lassen. Datteln entsteinen und mit den Feigen in feine Würfel schneiden. Rosinen, Datteln und Feigen mit Zitrone, Zimt und Rumaroma gut durchmischen. Den flüssigen Honig mit der Sahne und Biobin verrühren, über die Früchte geben und darunterrühren.

Den Strudelteig mit flachen Händen hauchdünn ziehen, bis man das Muster des Tuches deutlich erkennt (siehe "Wiener Apfelstrudel"), mit dem Pflaumenmus bestreichen und mit den Nüssen und Mandeln bestreuen. Die Früchtemischung gleichmässig darüber verteilen, Ränder freilassen und über die Früchte klappen. Den Strudel vorsichtig aufrollen, bei jeder Umdrehung mit zerlassener Butter bestreichen. Die Teigenden fest zusammendrücken. Weiter verfahren wie bei "Wiener Apfelstrudel".

Im vorgeheizten Backofen bei 200 Grad etwa 35 - 40 Minuten bakken.

Noch warm mit Schlagsahne schmeckt er am besten!

Rhabarber Strudel

Strudelteig siehe "Wiener Apfelstrudel"
Rhabarber schälen und in ca. 1 cm lange Stücke schneiden.
Strudelteig ausziehen (siehe "Wiener Apfelstrudel").
Butter zerlassen, die Semmelbrösel goldbraun darin anrösten und auf den ausgezogenen Teig verteilen, ebenso die geriebenen Nüsse.
Rhabarber gleichmässig darübergeben, mit Rosinen, Zucker, Vanillezucker bestreuen und mit Honig beträufeln. Einen Rand ringsum freilassen und die Längsseiten über die Füllung schlagen, dann vorsichtig aufrollen, bei jeder Umdrehung den Teig mit zerlassener Butter bestreichen. Enden fest zusammendrücken und weiter verfahren wie bei "Wiener Apfelstrudel".
Im vorgeheizten Backofen bei 200 Grad etwa 40 Minuten backen. Mit warmer Vanillesoße servieren.

Füllung:
ca. 1,5 kg frischer Rhabarber
2 EL Vollrohrzucker
2 EL Honig
80 g Butter
100 g Semmelbrösel
100 g ger. Haselnüsse
50 g Rosinen
1 Päckchen Vanillezucker
Butter zum Bestreichen

Apfel-Brombeeren-Pie

250 g Vollweizen- oder Dinkelvollkornmehl
150g kalte Butter
1 TL Vollrohrzucker
1 Prise Salz
ca. 3 - 4 EL Eiswasser

Füllung:
3 - 4 Äpfel
ca. 50 g fein gehackte Haselnüsse
3 - 4 EL Brombeeren
etwas Zitronensaft
1 Päckchen Vanillezucker
1 TL Zimt
1 - 2 EL Vollrohrzucker zum Bestreuen

Alle Zutaten, außer Wasser, mit dem Knethaken zu groben Streuseln verarbeiten. Eiswasser zufügen und rasch zu einem glatten Teig verkneten. 1 Stunde kühl stellen. Dann auf bemehlter Fläche ausrollen. Einen Deckel in Grösse der Pie-Form ausstechen, mit dem Restteig die mit Wasser benetzte Pieform auskleiden (Rand hochziehen). Den Boden mit fein gehackten Haselnüssen bestreuen. Die Äpfel in dünne Spalten oder Scheiben schneiden, auf den Teigboden rundum im schönen Muster verteilen, mit Zitronensaft beträufeln; Brombeeren darüber verteilen, mit Vanille und Zimt bestreuen. Den Teigdeckel auflegen und am Rand fest andrücken. Mit einer Gabel mehrmals tief einstechen, mit Zucker bestreuen und im vorgeheizten Backofen bei 200 - 225 Grad ca. 30 - 35 Min. backen.

Heidelbeer-Pie

Teig und Verarbeitung siehe Apfel-Brombeeren-Pie Seite 78.
Beeren mit Zimt, Zucker oder Honig vermischen. Den Teigboden mit Mandeln bestreuen, Beeren einfüllen.

Füllung:
500 g Heidelbeeren
1 - 2 EL Vollrohrzucker oder Honig
etwas Zimt
50 g gemahlene Mandeln oder Nüsse

Birnen-Pie

Teig und Verarbeitung siehe Apfel-Brombeeren-Pie.
Birnen schälen, entkernen und vierteln. Butter erhitzen, die Birnen zugeben, mit Zucker bestreuen und karamelisieren lassen. Mit Zitronensaft beträufeln.

Füllung:
3 - 4 Birnen
30 g Butter
ca. 60 g Vollrohrzucker
Saft einer halben unbehandelten Zitrone

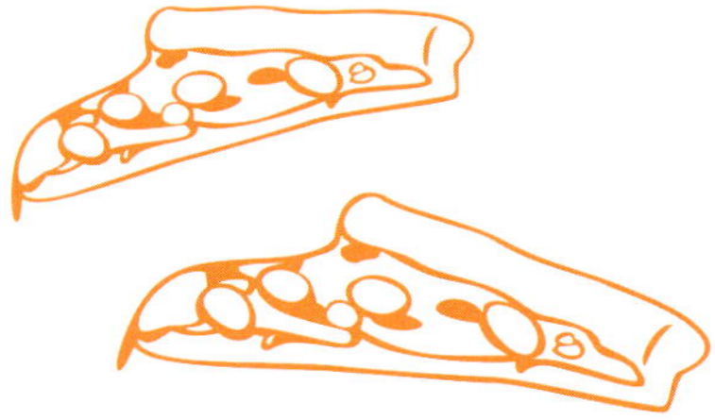

Aprikosenkuchen mit Guss

200 g Vollweizenmehl
1/2 TL Backpulver
150 g Butter
1 Prise Salz
3 EL gemahlene Haselnüsse
80 g Vollrohrzucker
evtl. 2 EL gem. Haselnüsse zum Bestreuen des Bodens

Belag:

1 kg Aprikosen (entkernt und halbiert)
200 ml saure Sahne
2 EL Honig oder Ahornsirup
2 EL gem. Haselnüsse (leicht geröstet)

Das Mehl mit den übrigen Zutaten rasch zu einem glatten Teig verarbeiten und ca. 1 Stunde kalt stellen.

Dann eine gefettete Springform damit auslegen, einen Rand stehen lassen, mit Nüssen bestreuen. Die Aprikosen dicht nebeneinander auf den Teig setzen, mit der Wölbung nach oben. Die Sahne mit dem Honig und den Nüssen gut verrühren und über dem Obst verteilen.

Im vorgeheizten Backofen bei 200 Grad ca. 40 Minuten backen.

Variante:

Statt Aprikosen eignen sich gut Pflaumen oder Sauerkirschen.

Birnentorte

200 g Vollweizenmehl
125 g kalte, in Würfel geschnittene Margarine
40 g gem. Walnüsse
50 g Vollrohrzucker
2 EL Sojamehl, mit etwas Milch angerührt
etwas Milch

Füllung:
50 g Honig
0,3 l Wasser
4 große Birnen
150 ml leicht geschlagene Sahne
2 EL gemahlene Nüsse
etwas Milch oder Sahne zum Bestreichen

Fett und Mehl mit den Fingern nicht zu fein verreiben. Walnüsse, Sojamehl und Zucker gut untermischen. Unter Zugabe von etwas Milch zu einem geschmeidigen Teig verarbeiten. In eine Folie wickeln, mindestens 1/2 Stunde ruhen lassen.
In der Zwischenzeit aus Honig und Wasser einen Sirup kochen. Die geschälten, halbierten und vom Kerngehäuse befreiten Birnen darin weich kochen und darin abkühlen lassen. Dann den Sirup abgiessen, Birnen abtropfen lassen. Gut 1/3 des Teiges auf den Boden einer gefetteten Springform (24 cm Ø) ausrollen, mit einer Gabel mehrmals einstechen und 10 - 15 Minuten hellgelb vorbacken. Aus dem übrigen Teig eine Platte in Größe der Form und eine fingerdicke Rolle formen, die man als Rand auf den vorgebackenen Boden legt und am Rand der Form etwas andrückt. Den Boden mit den gemahlenen Nüssen bestreuen, die abgetropften Birnen darauf verteilen und mit der Sahne übergiessen. Nun die Teigplatte vorsichtig darauf legen und am Rand andrücken. Mit Milch oder Sahne bestreichen.
Bei ca. 180 Grad 20 - 30 Minuten backen.

Birnen-Torte mit Marzipan

250 g Vollweizenmehl
80 g Vollrohrzucker
150 g Butter
1 EL Sojamehl
4 EL Milch oder Wasser
1 Prise Salz

Belag:
150 g Honig-Marzipan
100 ml Sahne
35 g Vollrohrzucker
ca. 1 kg Birnen
etwas Zitronensaft
1 EL Honig

Mehl, Zucker, Butter, Sojamehl, Salz und Milch rasch zu einem glatten Teig verkneten und kalt stellen. Dann den Boden einer gefetteten Springform (26 cm Ø) damit auslegen, Rand etwas hochziehen. Mit einer Gabel mehrmals einstechen und ca. 15 Minuten bei 175 Grad vorbacken.
Inzwischen die geschälten, halbierten und entkernten Birnen in etwas Wasser mit Zitronensaft und Honig leicht dünsten. Abgiessen und abkühlen lassen. Marzipan mit Sahne und Zucker glatt rühren. Birnen auf den vorgebackenen Boden geben, die Marzipanmasse gitterförmig darüber spritzen (Spritzbeutel mit großer Tülle) und nochmals im vorgeheizten Backofen 25 Minuten bei 175 Grad auf der unteren Schiene backen.

Dorotheen-Torte

250 g Weizenmehl Type 550
70 g Vollrohrzucker
210 g Butter
100 g ger. Haselnüsse oder Mandeln

Füllung:
etwas Marmelade
400 ml süsse Sahne
1 Päckchen Vanillezucker

Alle Zutaten rasch zu einem glatten Teig verarbeiten und 1/2 - 1 Stunde kalt stellen. Den Teig in drei gleiche Teile teilen und jeweils auf den Boden einer Springform drücken (Backpapier ist empfehlenswert). Die 3 Böden nacheinander bei 200 Grad etwa 10 - 15 Minuten hellbraun backen.
Vorsichtig vom Blech lösen. Den ersten Boden mit Marmelade bestreichen, mit dem zweiten Boden abdecken und abkühlen lassen. Darauf die sehr steif geschlagene Sahne verteilen, den dritten Boden darauf legen. Einige Stunden kühl stellen.
Evt. mit Sahnetupfen garnieren. Dafür einen Teil der geschlagenen Sahne zurückbehalten.

KNETTEIG

Erdbeertorte mit Marzipan

250 g Vollweizenmehl
150 g Butter
80 g Vollrohrzucker oder 2 EL Honig
1 gestr. TL Backpulver

Belag:
150 g Honig-Marzipan
einige Löffel Sahne
1 kg frische Erdbeeren

Guss:
1/8 l Johannisbeersaft oder einen anderen roten Obstsaft
1 gestrichener TL Agar-Agar

Aus Mehl, Butter, Zucker und Backpulver rasch einen Teig kneten und ca. 30 Minuten kalt stellen. Dann zu einem runden Boden ausrollen und eine gefettete, ausgemehlten Tortenbodenform (26 cm Ø) damit auslegen. Mit einer Gabel mehrmals einstechen. Im vorgeheizten Ofen bei ca. 200 Grad 15 - 20 Minuten backen, dann aus der Form nehmen und abkühlen lassen.

Für den Belag den zerbröselten Marzipan mit der Sahne zu einer cremigen Masse verrühren und auf den kalten Tortenboden streichen. Erdbeeren waschen, putzen, evtl. halbieren und auf den Tortenboden schichten.

Den Saft zum Kochen bringen und das mit etwas Wasser verrührte Agar-Agar hineinrühren, gut aufkochen lassen und kurz abgekühlt über die Erdbeeren giessen. Die Torte einige Zeit kühl stellen, damit der Guss fest wird. Evtl. mit Sahnetupfern garnieren.

Herrentorte

100 g Vollweizenmehl
80 g Vollrohrzucker
200 g gem. Mandeln
1 TL Backpulver
1 P. Vanillezucker
1 TL Schokopulver oder Kakao
200 g Butter oder Margarine

Belag:
1 Glas (400 g) Wildpreiselbeeren
2 Becher Sahne à 200 g
1 TL (ca. 3 g) Biobin o.ä.
2 P. Vanillezucker

Alle Teigzutaten rasch zu einem glatten Teig verkneten, ca. 1/2 Std. kalt stellen.
Eine gefettete Springform (26 cm Ø) mit dem ausgerollten Teig auslegen, mehrmals mit einer Gabel einstechen und im vorgeheizten Backofen bei 180 Grad ca. 20 Min. backen. Abkühlen lassen und auf eine Tortenplatte setzen.

1/2 Glas Preiselbeeren auf den Boden streichen. Sahne mit Biobin und Vanillezucker sehr steif schlagen, die restlichen Preiselbeeren unterheben und auf den Tortenboden verstreichen.

Evtl. mit einigen Preiselbeeren garnieren. Einige Zeit kalt stellen.

Nussblätter-Torte

350 g Vollweizenmehl
200 g geriebene Haselnüsse
1 gestr. TL Backpulver
140 g Vollrohrzucker
1 Päckchen Vanillezucker
250 g Butter

Füllung:
3/4 l süsse Sahne
2 Päckchen Sahnefestiger oder 2 g Biobin
25 g Vollrohrzucker
225 g geröstete, fein geriebene Haselnüsse

Alle Teigzutaten schnell zu einem glatten Teig verarbeiten und ca. 1/2 Stunde kalt stellen. Dann in vier bis fünf gleiche Stücke teilen und auf gleich große Springformböden ausrollen. Am besten verwendet man Backpapier, da die fertig gebackenen Böden leicht brechen. Bei 175 - 190 Grad ca. 10 Minuten hell backen und auskühlen lassen.
Für die Füllung Sahne mit Zucker und Sahnefestiger steif schlagen, die Haselnüsse langsam unterziehen. Die einzelnen Böden mit dieser Sahnecreme füllen, zusammensetzen und kalt stellen.

Käsekuchen 1

200 g Vollweizenmehl
75 g Butter oder Margarine
75 g Vollrohrzucker
1 TL Backpulver
1 gehäufter EL Joghurt
1 Prise Salz

Füllung:
150 g Butter oder Margarine
175 g Vollrohrzucker
1 Päckchen Vanillezucker
abgeriebene Schale einer unbehandelten Zitrone oder Zitronenschalenaroma
1000 g Magerquark
2 Päckchen Vanille-Puddingpulver
2 TL Backpulver
100 g Sultaninen
250 ml Mineralwasser

Alle Zutaten für den Teig rasch verkneten und eine gefettete Springform (26 cmØ) damit auslegen.
Butter und Zucker gut schaumig rühren, Vanillezucker und Zitronenschale hinzufügen. Den Quark mit dem Puddingpulver und Backpulver dazugeben und gründlich einige Minuten lang mit einem Handrührgerät unterrühren. Die gewaschenen Sultaninen dazugeben. Zum Schluß das Mineralwasser langsam einrühren. Die Füllung auf dem Teigboden gleichmässig verteilen.
60 - 70 Minuten bei ca. 175- 180 Grad goldgelb backen.
In der Form vollständig erkalten lassen und erst dann herauslösen.

Käsekuchen 2

250 g Vollweizenmehl
1/2 TL Backpulver
60 g Vollrohrzucker
1 Prise Salz
100 g kalte Butter oder Margarine
1/2 TL Vanillepulver
ca. 5 EL Milch

Füllung:
125 g Vollrohrzucker
750 g Speisequark (Magerstufe) oder Schichtkäse
150 g Crème fraîche
40 g Speisestärke
6 EL Sonnenblumenöl
Saft und Schale einer unbehandelten Zitrone
60 g Rosinen
8 TL Ei-Ersatz-Pulver

Die Teigzutaten rasch zu einem glatten Teig verarbeiten und ca. 30 Minuten kühl stellen.
Für die Füllung die Rosinen mit heißem Wasser waschen und abtropfen lassen. Den trockenen Quark oder Schichtkäse in einer Rührschüssel mit Zucker, Öl, Crème fraîche, Speisestärke und Zitrone gründlich verrühren. Das Ei-Ersatz-Pulver nach Vorschrift mit 160 ml Wasser schaumig schlagen, zu der Quarkmasse geben und nochmals gut verrühren. Zuletzt die Rosinen unterheben.
Eine gefettete Springform mit dem Teig auslegen und einen etwa 3 cm hohen Rand formen. Den Boden mehrmals mit einer Gabel einstechen. Die Quarkcreme auf den Boden verteilen, Oberfläche glatt streichen und im vorgeheizten Backofen auf der untersten Schiene etwa 60 - 70 Minuten bei 170 - 175 Grad langsam backen. Die Ränder an der Oberfläche des Kuchens sollten braun sein.
Vollständig abkühlen lassen, vorsichtig aus der Springform lösen.

Kirsch-Joghurt-Torte

250 g Vollweizenmehl
1 EL Sojamehl, angerührt mit etwas kalter Milch
1 1/2 EL Honig oder 100 g Vollrohrzucker
150 g Butter oder Margarine

Füllung:
ca. 700 g Sauerkirschen (Glas)
2 TL Zitronensaft
einige Tropfen Rumaroma
1 Msp. Zimt
4 EL Vollrohrzucker oder Ahornsirup
5 TL Speisestärke
2 Becher Joghurt à 150 g
1 1/2 Becher Schlagsahne à 200 g
200 ml Zitronen-, Apfelsaft o.ä.
2 gestr. TL Agar-Agar oder 3 g Biobin
1 Päck. Vanillezucker, 1 g Biobin oder 1 Päck. Sahnefestiger

Mehl, Honig bzw. Zucker, Sojamehl und kaltes Fett rasch zu einem glatten Teig verkneten und ca. 30 Minuten kalt stellen.
Kirschen gut abtropfen lassen. 1/4L des abgetropften Saftes mit Zitronensaft aufkochen und mit der mit 3 EL Saft verrührten Stärke binden. Kirschen hineingeben, mit Rumaroma und Zimt abschmecken, abkühlen lassen.
Eine Springform (26 cm Ø) ausfetten, Teig ausrollen, in die Form legen und den Rand etwas hochdrücken. Im Backofen ca. 20 Minuten bei 180 Grad backen, aus der Form nehmen, abkühlen lassen. Nun Kirschen gleichmässig darauf verteilen.
Agar-Agar in den Saft einrühren, aufkochen und ca. 1 Min. köcheln lassen. Abkühlen. Sobald die Masse zu gelieren beginnt, löffelweise schnell unter das Joghurt rühren. Biobin direkt in das Joghurt einrühren. Sahne und Vanillezucker und Biobin oder Sahnefestiger steif schlagen und 2/3 davon unterheben, über die Kirschen streichen und kalt stellen. Mit der restlichen Sahne garnieren. Anstelle der Kirschen kann die Torte auch mit anderem Obst (Erdbeeren, Pfirsiche, Birnen o.ä.) zubereitet werden.

Linzer Torte

150 g Vollweizenmehl
1 TL Backpulver
100 g gem. Mandeln oder Haselnüsse
100 g Vollrohrzucker oder
100 g Honig
150 g Butter
50 geriebene Schokolade
1 Prise Salz
1 Msp. gem. Nelken
1 TL Zimt
2 Tropfen Bittermandelaroma
abgriebene Schale einer halben unbehandelten Zitrone

Füllung:
1/2 Glas säuerliche Marmelade
Zum Bestreichen etwas Milch oder Sahne

Mehl, Backpulver, Zucker oder Honig, Gewürze, Salz und Mandeln und Schokolade auf ein Backbrett geben, das kalte Fett in Stücke schneiden und alles rasch gut verkneten. Sollte der Teig zu fest sein, 1 EL Sahne zugeben.
Knapp die Hälfte des Teiges wird zu einer Platte in Größe der Springform ausgerollt und in 16 - 20 gleichmässig breite Streifen gerädelt. Den übrigen Teig rollt man auf dem Boden der Springform aus und bestreicht ihn mit der Marmelade, wobei man ringsum einen Rand von etwa 1 cm Breite freiläßt. Die Teigstreifen werden gitterförmig über die Marmelade gelegt und mit Milch oder Sahne bepinselt.
Bei 200 - 225 Grad 15 - 20 Minuten backen.

Marzipantorte mit Pfiff

75 g Butter oder Margarine
80 g Vollrohrzucker
240 g Vollweizenmehl
200 g Vollweizengriess
1/8 l Milch
1 Prise Salz
1 Päckchen Backpulver

Füllung:
1 kg gekochte, feingeriebene Kartoffeln
150 g flüssigen Honig
200 g Vollrohrzucker
100 g ger. Mandeln (evtl. 5 - 6 bittere dabei)
1 Fläschchen Bittermandel-aroma
ca. 80 g Marmelade

Die Zutaten für den Teig rasch verkneten, fünf gleich große Böden ausrollen und einzeln in einer gefetteten Springform (24 cm Ø) hellgelb backen. In der Zwischenzeit die Zutaten für die Füllung gründlich miteinander verrühren, die gebackenen Böden fingerdick damit bestreichen, wobei der mittlere Boden mit Marmelade bestrichen wird. Dann die Böden aufeinanderlegen, mit der restlichen Füllung den Rand und die Oberfläche bestreichen und die Torte nochmals bei 200 - 225 Grad etwa 30 Minuten überbacken.
Nach dem Abkühlen mit einem Schokoladenguss bestreichen.
Die Torte 24 Stunden durchziehen lassen.

Gedeckter Mohnkuchen

400 g Vollweizenmehl
100 g dickflüssiger Honig
250 g Butter
4 EL Sojamehl
je 1 Prise Zimt, Nelken, Muskat
1 Msp. Backpulver

Füllung:
300 g Mohn frisch gemahlen
ca. 200 - 250 ml Milch
2 - 3 EL Honig oder
100 g Vollrohrzucker
2 TL Zimt u. 1 Msp. Nelkenpulver

Butter, Honig und Sojamehl schaumig rühren. Mehl, Gewürze und Backpulver nach und nach unterkneten. Mohn mit Milch unter Rühren kurz aufkochen, Honig oder Zucker zugeben und mit Zimt und Nelkenpulver würzen. Die Masse soll streichfähig sein. Eine gefettete Springform (26 - 28 cm Ø) mit der Hälfte des Teiges auslegen. Ränder hochziehen, Boden mehrmals mit der Gabel einstechen. Mohnmasse auf den Boden verteilen. Restlichen Teig in Deckelgrösse ausrollen, auf die Mohnmasse setzen. Bei 175 - 190 Grad ca. 30 Minuten backen.

Mohn- oder Nussstrudel

Für den Teig werden die Zutaten gut verknetet und anschließend auf einem bemehlten Tuch zu einem Rechteck ausgerollt.
Für die Mohnfüllung Zucker oder Honig, den mit heissem Wasser überbrühten und gut abgetropften Mohn und die Gewürze mischen. Man rührt dann das zerlassene Fett und so viel von der heißen Milch darunter, dass die Masse gerade streichfähig, aber nicht zu weich ist. Danach kalt stellen.
Für die Nussfüllung werden alle Zutaten miteinander vermischt und mit etwas heißem Wasser zu einer streichfähigen Masse verrührt.
Den Teig entweder mit der Mohn- oder Nussmischung oder der Früchtefüllung bestreichen (2 cm Rand freilassen) und mit Hilfe des Tuches zu einem Strudel zusammenrollen. Dann auf ein gefettetes Backblech legen, an den Enden zusammendrücken, mit zerlassener Butter bestreichen und bei 175 - 200 Grad etwa 50 Minuten backen.

350 g Vollweizenmehl
1 TL Backpulver
50 g Vollrohrzucker
2 - 3 EL Milch
150 - 200 g Butter

Füllung 1:
250 g gem. Mohn
100 g Vollrohrzucker oder Honig
1 Päckchen Vanillezucker
ca. 1/4 l Milch
1 TL Zimt
50 g Rosinen
50 g Butter

Füllung 2:
250 g gem. Haselnüsse oder Mandeln
1 Msp. Backpulver
150 g Vollrohrzucker oder Honig
1 Päckchen Vanillezucker
abgeriebene Schale einer unbehandelten Zitrone
2 - 3 EL Semmelbrösel

Füllung 3:
siehe Früchtestrudel Seite 100

Kaffee-Krem-Törtchen

250 g Vollweizenmehl
50 g Speisestärke
1 EL Sojamehl
1 EL (gut gehäuft) Carob
1 TL (gestrichen) Backpulver
60 g Vollrohrzucker
2 EL Milch oder Wasser
125 g Butter oder Margarine

Füllung:
1/4 l Milch
25 g gem. Bohnen-Kaffee oder Getreidekaffee
1/2 Päckchen Schokoladen-Puddingpulver
50 g Vollrohrzucker oder 3 - 4 EL Ahornsirup
100 g Butter

Alle Zutaten zusammen rasch zu einem glatten Teig verarbeiten und eine Zeit lang kalt stellen. Danach auf bemehlter Unterlage dünn ausrollen und runde Formen (etwa 8 - 9 cm Ø) ausstechen, die man auf ein gefettetes Backblech legt und 10 - 15 Minuten bei 200 Grad bäckt.
Für die Creme die Milch zum Kochen bringen, den Kaffee damit übergiessen und einige Minuten ziehen lassen. Durch ein Sieb giessen, mit Milch oder Wasser wieder auf einen Viertelliter auffüllen und mit dem angerührten Puddingpulver und Zucker bzw. Ahornsirup einen Pudding bereiten, den man bis zum Erkalten öfters umrührt. Unterdessen die Buttter recht schaumig rühren und löffelweise den kalten Pudding darunter geben, so dass eine glatte Creme entsteht.
Die Hälfte der gebackenen Plätzchen mit der Creme bestreichen, die übrigen mit der Unterseite darauf legen.
Die obere Seite der Törtchen mit einem Schokoladenguss bestreichen und mit gehackten Mandeln bestreuen.
Es empfiehlt sich, die Törtchen einen Tag durchziehen zu lassen.

Nussecken

Alle Teigzutaten rasch verkneten, kalt stellen.
Für den Belag Butter und Zucker aufkochen, Honig und Haselnüsse dazugeben, gut unterrühren und kurz aufkochen lassen. Zur Seite stellen und abkühlen lassen.
Teig ausrollen, ein gefettetes Blech damit belegen, Nussmasse auf den Teig verteilen und bei 200 Grad ca. 15 - 20 Minuten im vorgeheizten Backofen backen. Noch warm in Dreiecke schneiden und erkalten lassen.
Kuvertüre schmelzen, die Spitzen der Nussecken hineintauchen oder damit bepinseln.

200 g Vollweizenmehl
1/2 TL Backpulver
80 g Vollrohrzucker
100 g Butter oder Margarine

Belag:
100 g Butter
50 g Vollrohrzucker
3 EL Honig
250 g grob gemahlene Haselnüsse
ca. 100 g Kuvertüre

Nuss-Möpschen

300 g Vollweizenmehl
3 TL Backpulver
80 g Vollzucker
1 P. Vanillezucker
100 g Butter oder Margarine
ca. 10 EL Milch

Füllung:
100 gem. Nüsse
75 g Vollrohrzucker oder
2 - 3 EL Honig
1 TL Kakao oder Carobpulver
1 Msp. Zimt
3 Tr. Bittermandelöl
ca. 5 - 6 EL Wasser

Guss:
etwas flüssige Aprikosenkonfitüre

Alle Zutaten rasch zu einem glatten Teig verkneten. 30 Minuten kalt stellen. Danach auf bemehlter Fläche den Teig zu einem Rechteck ausrollen, etwa 30 x 35 cm.
Die Zutaten für die Füllung vermischen und auf dem Teig verteilen. Etwas Wasser zugeb en, sollte die Füllung zu fest sein.
Von der Schmalseite aus zu einer Rolle aufrollen, Stücke abschneiden (etwa 10 Stück), auf ein gefettetes Backblech setzen und bei 200 Grad etwa 15 - 20 Min. backen.
Noch warm mit der Aprikosenkonfitüre besteichen.

Nusstorte

140 g feinst gem. Dinkelmehl
oder Vollweizenmehl
140 g Butter
250 g gem. Haselnüsse
100 g Vollrohrzucker
50 g Mandelblättchen

Füllung:
eine säuerliche Marmelade

Alle Zutaten rasch zu einem glatten Teig verkneten und 1/2 Stunde kalt stellen. Danach den Teig in 3 Teile teilen und zu gleich grossen Böden ausrollen. Einen Boden mit etwas Milch bestreichen und den Mandelblättchen bestreuen, dann einzeln in einer gefetteten Springform (26 cm Ø) bei 180 - 200 Grad etwa 15 - 20 Minunten backen.
Nach dem Erkalten 2 Böden mit Marmelade bestreichen, aufeinandersetzen und den mit Mandeln bestreuten Boden obenauf setzen. Es empfiehlt sich, die Torte erst am nächsten Tag anzuschneiden und mit Schlagsahne zu servieren.

Nusstörtchen mit Honigfüllung

300 g Vollweizenmehl
1/2 Päckchen Backpulver
150 g Butter
100 g gemahlene Walnüsse
100 g Vollrohrzucker
2 EL Milch oder Wasser

Füllung:
150 g Honig (ca. 1 1/2 Tassen)
2 TL Zitronensaft
ca. 200 g gem. Walnüsse
evtl. 1 - 2 EL Sahne
Walnusshälften zum Dekorieren
ca. 100 g grob gehackte Walnüsse zum Bestreuen

Alle Teigzutaten gründlich verkneten. Teig ca. 1/2 Std. kalt stellen. Dann dünn ausrollen, runde Plätzchen (Ø ca. 5 - 6 cm) ausstechen und ca. 20 Minuten bei 175 Grad hellgelb backen.

Für die Füllung den Honig erwärmen, bis er flüssig ist. Zitronensaft zufügen, ebenso die Walnüsse und alles zusammen gut verrühren. Die Masse soll streichfähig sein. (Evtl. Nussmenge erhöhen bzw. Sahne zugeben). Je zwei Plätzchen dick damit füllen. Die Ränder mit grob gehackten Walnüssen bestreuen. Walnusshälften mit Honig dünn bestreichen und auf jedes Törtchen eine setzen.

Bergische Nusstorte

350 g Vollweizenmehl
1 Prise Salz
160 g Butter
100 g Honig
2 EL Milch

Füllung:
200 ml Sahne
150 g Honig
1 TL Biobin o.ä.
250 g geriebene Walnüsse
Semmelbrösel
etwas Milch zum Bestreichen

Alle Teigzutaten rasch zu einem glatten Teig verkneten und 2 Stunden kühl stellen. Dann 2/3 des Teiges ausrollen und eine Tortenform (24 cm Ø) damit auslegen, einen Rand hochziehen. Im vorgeheizten Backofen ca. 15 Minuten bei 175 Grad vorbacken.

Für die Füllung die Sahne sehr steif schlagen, Honig und Biobin langsam unterrühren, die Walnüsse zugeben. Den Tortenboden dünn mit Semmelbröseln bestreuen, die Füllung darüber verteilen. Den restlichen Teig ausrollen, als Deckel darüber legen, Rand andrücken, mehrmals mit einer Gabel einstechen und mit Milch bestreichen.

Nochmals 25 Minuten bei 175 Grad backen.

Engadiner Nusstorte

300 g Vollweizenmehl
250 g Butter
80 - 100 g Vollrohrzucker
1 Päckchen Vanillezucker
2 TL Backpulver
Rumaroma

Füllung:
200 g gem. Haselnüsse
100 g gem. Mandeln
100 g Vollrohrzucker
2 - 4 EL Honig
1 Becher süsse Sahne
1/2 Fläschchen Bittermandelöl

Alle Zutaten rasch zu einem geschmeidigen Teig verarbeiten und 30 Minuten kühlen. Die Hälfte des Teiges ausrollen und eine gefettete, mit Semmelbröseln ausgestreute Springform (28 cm Ø) damit auslegen. Aus Teigrollen einen Rand formen.
Für die Füllung in einer großen Pfanne die Nüsse mit dem Zucker und dem Honig vorsichtig erhitzen. Flüssige Sahne dazu geben sowie Aroma und alles gut vermischen. Die Füllung auf den Teigboden streichen, aus dem restlichen Teig eine Platte ausrollen und darauf legen, etwas andrücken und mit Milch bepinseln, mehrmals mit einer Gabel einstechen.
Bei 175 Grad ca. 40 - 45 Minuten goldbraun backen.

Walnuss-Pastete

250 g Vollweizen- od. Dinkelmehl
125 g kalte Butter
1 Prise Salz
3 - 4 EL Eiswasser
Füllung:
100 g fein geriebene Walnüsse
3 EL Honig
60 g Vollrohrzucker
100 g grob geriebene halbbittere Schokolade
2 EL Semmelbrösel oder feine Haferflocken
25 ml Milch

Alle Teigzutaten rasch verkneten und 1 Stunde kalt stellen.
Für die Füllung ebenso alle Zutaten zu einer streichfähigen Masse vermischen. Eine Torten- oder Pieform (26 cmØ) einfetten, Teig ausrollen, Boden und Rand der Form auslegen, Füllung aufstreichen und etwa 45 Minuten bei 160 Grad backen.

Obst-Tortenboden 1

200 g Vollweizenmehl
150 g Butter oder Margarine
65 g Vollrohrzucker
1 TL Backpulver
1 Msp. Vanillezucker
1 Prise Salz

Alle Zutaten rasch zu einem glatten Teig verkneten. Eine Obsttortenform (28 cm Ø) fetten und mit Semmelbröseln ausstreuen. Nun den Teig gleichmässig hineindrücken, mit einer Gabel mehrmals einstechen und bei 180 Grad ca. 25 Minuten hellbraun backen. Danach aus der Form stürzen und abkühlen lassen.
Der Tortenboden kann mit rohem oder gedünstetem Obst belegt und mit einem Tortenguss (siehe Kuchen- und Tortenglasuren) überzogen werden.

Obst-Tortenboden 2

175 g Dinkevollkornmehl
1 EL Sojamehl
50 g gem. Haselnüsse
150 g Butter oder Margarine
70 g Vollrohrzucker
1 TL Backpulver
abgeriebene Schale einer unbehandelten Zitrone

Zubereitung siehe Obst-Tortenboden 1

Obst-Tortenboden 3

220 g Vollweizenmehl
1 TL Backpulver
1 Prise Salz
3 gehäufte EL Sojamehl
100 g Butter
4 EL Honig
1 TL abgeriebene Schale einer unbehandelten Zitrone
3 EL Joghurt
3 1/2 EL kaltes Wasser

Mehl mit Backpulver, Salz und Sojamehl auf ein Backbrett geben. Butter mit Honig verrühren, Zitronenschale und Joghurt zugeben und alles gut verquirlen, zuletzt das Wasser unterrühren. Diese Masse zu der Mehlmischung geben und rasch verkneten. Weitere Verarbeitung siehe Obst-Tortenboden 1.
Etwa 30 Minuten bei 175 - 180 Grad backen.

Omis Lieblingstorte

350 g feines Vollweizenmehl
250 g Butter
50 g Vollrohrzucker
1/4 TL Vanille-Pulver
50 g Mandelblättchen zum Bestreuen

Füllung:
375 g Quark
2 EL Vanille-Puddingpulver
80 g Vollrohrzucker oder 3 EL Ahornsirup
Saft und Schale von 1/2 unbehandelten Zitrone
3 - 4 EL Sahne

Die Teigzutaten rasch zu einem glatten Teig verkneten und 1/2 Stunde kühl stellen. Den Teig in vier gleiche Teile teilen und jeweils auf den gefetteten (oder mit Backpapier ausgelegten) Boden einer Springform (24 cm Ø) drücken. Nacheinander im vorgeheizten Backofen bei 180 - 200 Grad etwa 15 Minuten hellgelb backen. Einen Boden vor dem Backen mit Milch bestreichen und mit Mandelblättchen bestreuen. Vorsichtig vom Blech lösen und auskühlen lassen. Für die Füllung den Quark cremig schlagen und mit allen Zutaten vermischen. Die einzelnen Böden mit der Füllung bestreichen und zusammensetzen. Den mit Mandeln bestreuten Boden obenauf geben. Kalt stellen.

Pfirsichtorte

200 g Vollweizenmehl
100 g Butter oder Margarine
60 Vollzucker
1 Päckchen Vanillezucker

Füllung:
2 Dosen (à 850 ml) Pfirsichhälften
500 g Dickmilch oder Kefir
100 g Vollzucker
Saft und abgeriebene Schale von 2 unbehandelten Zitronen
400 ml Schlagsahne,
2 TL Biobin o.ä.
4 TL Agar-Agar
ca. 3 EL geriebene Haselnüsse

Guß:
300 ml Pfirsichsaft
1 1/2 TL Agar-Agar

Alle Zutaten rasch zu einem Mürbteig verkneten und kurz kalt stellen. Auf einem gefetetten Springformboden (26 cm Ø) ausrollen und im Backofen bei 190 - 200° ca. 12 Min. hell backen.
Aus der Form nehmen und auskühlen lassen.
Für die Füllung: Pfirsiche gut abtropfen lassen (Saft auffangen) und in dicke Scheiben schneiden, 6 für Dekoration zurücklegen. In 1/4 l des Saftes das Agar-Agar einrühren, unter ständigem Rühren zum Kochen bringen und 1 - 2 Min. köcheln lassen. Kalt stellen.
Dickmilch oder Kefir mit Zucker, Zitronenschale und Saft mischen, das abgekühlte Agar-Agar teelöfelweise schnell einrühren. Es sollen keine Klümpchen entstehen.
Die mit Biobin sehr steif geschlagene Sahne unterziehen. Um den Tortenboden einen Formring legen, mit Haselnüssen bestreuen mit den Pfirsichen fächerartig belegen und die Creme darauf verteilen.
Für den Guß Saft aufkochen, Agar-Agar mit 3-4EL Saft glattrühren ,einlaufen und ca. 1Min. kochen lassen. Etwas abgekühlt auf die Creme gießen. Torte einige Stunden kalt stellen. Mit den restlichen Pfirsichen garnieren.

Quark-Rollenkuchen

250 g Vollweizenmehl
1 TL Backpulver
1 Prise Salz
250 g trockener Quark
200 g kalte Butter

Füllung:
ca. 500 - 600 g Äpfel
Saft und Schale einer unbehandelten Zitrone
100 g Rosinen
100 g gehackte Mandeln
1 TL Zimt
80 g Vollrohrzucker
2 - 3 EL Milch
2 EL Honig

Alle Teigzutaten rasch verkneten und den Teig 1 Stunde kalt stellen. In der Zwischenzeit für die Füllung die Rosinen waschen und abtropfen lassen. Die Äpfel schälen, entkernen, in schmale Spalten schneiden und mit Zitronensaft beträufeln.
Den Teig auf bemehlter Arbeitsfläche ca. 1/2 cm dick zu einem Viereck ausrollen und mit der Milch bestreichen. Äpfel und Rosinen darauf verteilen. Mandeln mit Zucker und Zimt vermischen und über die Äpfel streuen. Den Teig wie einen Strudel aufrollen, in ca. 5 cm lange Stücke schneiden und dicht nebeneinander mit der Schnittfläche nach oben, in eine gefettete Springform (24 cm Ø) setzen.
Im vorgeheizten Backofen bei 200 Grad ca. 30 Minuten backen. Noch heiß mit Honig bestreichen.

Quarkkuchen mit Früchten

250 g Vollweizenmehl
180 g Butter oder Margarine
80 g Honig oder Vollrohrzucker
3 - 4 EL Milch (bei Honig weniger)
1 TL Backpulver
1 Prise Salz

Füllung:
500 g Quark
100 g Vollrohrzucker oder 2 -3 EL Honig oder Ahorn-sirup
Saft und abgeriebene Schale einer unbehandelten Zitrone
1 TL Agar-Agar
200 ml Sahne
frische oder eingemachte Früchte (z.B. Beeren, Kiwis, Mandarinen, Orangen in Scheiben oder Spalten)

Für den Teig rasch alle Zutaten zusammen gut verkneten, ca. 30 Minuten kalt stellen. Springform (26 - 28 cmØ) einfetten, Teig hineindrücken und bei 180 - 200 Grad ca. 15 - 20 Minuten backen.

Für die Füllung Quark mit Zucker bzw. Honig und Zitronenschale glattrühen. Zitronensaft mit 3 EL Wasser und Agar-Agar gut verrühren, zum Kochen bringen und kurz aufkochen lassen. Abkühlen, bis die Masse zu gelieren beginnt, dann langsam mit dem Quark verrühren, zuletzt die steif geschlagene Sahne unterziehen. Formring um den gebackenen, abgekühlten Boden setzen und die Quarkmasse darauf verteilen, glattstreichen. Mit den Früchten belegen. Man kann das Obst auch erst auf den Boden verteilen und dann den Quark darüberstreichen. Kuchen einige Stunden kalt stellen. Fromring abnehmen.

Quark-Schnitten

500 g Vollweizenmehl
1 Päckchen Backpulver
1 EL Sojamehl
250 g Butter oder Margarine
100 g Vollrohrzucker oder 3 EL Honig
1 Prise Salz
ca. 1/8 l Milch

Füllung:
1000 g Magerquark
1/2 Päckchen Vanille-Pudding pulver
1 TL Ei-Ersatz-Pulver in 40 ml Wasser verschlagen
200 g Vollrohrzucker oder Honig
abgeriebene Schale einer unbehandelten Zitrone
50 g Rosinen

Alle Zutaten rasch zu einem glatten Teig verkneten und kühl stellen.
Für die Füllung wird der Quark mit Puddingpulver, Zucker bzw. Honig, Aroma und Rosinen vermischt, zuletzt das vergeschlagene Ei-Ersatz-Pulver untergerührt.
Etwa die Hälfte des Teiges auf einem gefetteten Backblech auswellen. Teig an den Rändern ca. 2 cm überstehen lassen, mit Füllung bestreichen, die überstehenden Ränder auf die Füllung klappen und mit etwas Milch bestreichen. Den restlichen Teig auf bemehlter Unterlage ausrollen und vorsichtig damit die untere Teigplatte zudecken. Ränder andrücken und Oberfläche mit Milch bestreichen und mehrmals mit der Gabel einstechen.
Bei ca. 180 Grad etwa 30 Minuten hellbraun backen. Abkühlen lassen und in Schnitten oder Rhomben schneiden.

Quarkstollen

Aus Butter, Honig und Sojamehl eine schaumige Masse rühren. Zitronenschale, Mandeln, Quark, Sultaninen, Zitronat und Orangeat dazugeben. Vollweizenmehl mit den Gewürzen und Backpulver mischen und unterheben.

Teig kurz durchkneten, auf einer bemehlten Arbeitsfläche zu einem ovalen Teigstück ausrollen. Der Länge nach zusammenfalten, Stollen formen, auf ein gefettetes und bemehltes Blech legen.

Bei 180 Grad ca. 55 Minuten backen (untere Schiene). Nach dem Backen mit zerlassener Butter bestreichen. Vor dem Anschneiden den Stollen einige Tage durchziehen lassen.

125 g Butter
2 EL Sojamehl, angerührt mit etwas kalter Milch
175 g Honig
abgeriebene Schale einer unbehandelten Zitrone
100 g gem. Mandeln
200 g Quark
150 g Sultaninen
je 30 g fein geschnittenes Zitronat und Orangeat
500 g Vollweizenmehl
1 Päckchen Backpulver
je 1 Msp. Salz, Vanille, Kardamom, Muskatblüte
30 g zerlassene Butter zum Bestreichen

Quark-Marzipan-Torte

200 g Vollweizenmehl
150 g Butter oder Margarine
65 g Vollrohrzucker
1 gestr. TL Backpulver
1 g Salz

Füllung:
500 g Quark
2 EL Vanille-Puddingpulver
80 g Zucker
Saft und abgeriebene Schale einer unbehandelten Zitrone
4 - 5 EL Sahne

Belag
200 g Honig-Marzipan
50 g Vollrohrzucker
100 ml Sahne
etwas Zitronensaft

Mehl, Butter, Zucker, Backpulver und Salz rasch zu einem glatten Teig verkneten und ca. 30 Min. kalt stellen.

Den Boden einer gefetteten Springform (26 cm Ø) damit auslegen und den Rand etwas hochdrücken. Mehrmals mit einer Gabel einstechen und ca. 15 Min. bei 180 Grad hell vorbacken.

Inzwischen für die Füllung alle Zutaten gut verrühren. Für den Belag Marzipan leicht zerdrücken und mit den anderen Zutaten cremig rühren.

Die Quarkmasse auf den vorgebackenen, etwas abgekühlten Boden gleichmäßig verteilen und die Marzipancreme darauf aufstreichen. Nochmals im vorgeheizten Backofen ca. 20 Min. bei 175 Grad auf der oberen Schiene backen. Evtl. kurz übergrillen. Die Marzipandecke sollte leicht gebräunt sein.

Quark-Spitzen

Aus Mehl, Quark, Salz und Butter rasch einen glatten Teig kneten und mehrere Stunden kalt stellen. Auf bemehlter Unterlage dünn ausrollen, Vierecke ausradeln. Eine Hälfte mit Marmelade belegen, über Eck zusammenschlagen, Ränder fest andrücken und auf ein gefettetes Backblech legen.
Bei 180 - 200 Grad hellbraun backen.

300 g Vollweizenmehl
300 g trockener Magerquark
100 g Butter
1 Prise Salz

Füllung:
schnittfeste Marmelade

Rhabarbertorte

275 g Dinkelvollkornmehl
225 g Butter oder Margarine
2 - 3 EL Honig oder 3 EL Vollrohrzucker
2 - 3 EL kaltes Wasser
1 Prise Salz

Belag:
750 g frischer Rhabarber
3 EL Vollrohrzucker
2 EL Honig
1/2 TL Zimt
1/2 TL Vanillepulver
40 g geriebene Mandeln

Für den Teig rasch alle Zutaten verkneten und ca. 30 Minuten kalt stellen. Rhabarber waschen, die Stiele abziehen und in 3 - 4 cm lange Stücke schneiden. Mit dem Zucker und den Gewürzen langsam in einem Topf erhitzen, bis der Zucker schmilzt, und kurz köcheln lassen. Vom Herd nehmen, erkalten lassen, Honig und Mandeln untermischen.
Etwa 2/3 des Teiges auf bemehlter Unterlage ausrollen und eine gefettete Springform (26 cm Ø) damit auslegen, mit einer Gabel mehrmals einstechen und im vorgeheizten Backofen ca. 10 - 15 Minuten bei 180 Grad backen.
Den gut abgetropften Rhabarber auf den vorgebackenen Boden verteilen. Den restlichen Teig zu Rollen formen und als Rand und Gitter darüberlegen. Mit etwas Sahne oder Milch bepinseln und nochmals 15 - 20 Minuten bei etwa 200 Grad backen. Reichen Sie Schlagsahne dazu!

Erfrischende Traubentorte

250 g Vollweizenmehl
160 g Butter oder Margarine
80 g Vollrohrzucker
1 Prise Salz
1 Päckchen Vanillezucker

Füllung:
100 ml Trauben- oder Orangensaft
1 TL Agar-Agar oder 6 TL san-apart oder 3 g Biobin
300 g Joghurt
Saft von 1/2 Zitrone
80 g Vollrohrzucker oder 3 EL Ahornsirup
200 ml Sahne
ca. 500 g weiße und blaue Weintrauben

Zum Verzieren
150 ml Sahne
Sahnefestiger

Aus den Teigzutaten rasch einen Knetteig herstellen und 1/2 Stunde kühl stellen. Anschließend den Teig in einer gefetteten Springform (26 cm Ø) ausrollen und bei 180 - 200 Grad ca. 15 - 20 Minuten backen. Auf einem Kuchengitter abkühlen lassen.
Für die Füllung 3 EL Fruchtsaft mit dem Agar-Agar verrühren. Den restlichen Saft zum Kochen bringen, Agar-Agar einrühren und kurz aufkochen lassen. Abkühlen. (Entfällt bei Verwendung von san-apart oder Biobin.) Joghurt mit Zucker oder Sirup und Zitronensaft vermischen. Wenn das Agar-Agar zu gelieren beginnt, langsam unter die Joghurtmischung ziehen oder san-apart bzw. Biobin zufügen und gut verrühren. Die steif geschlagene Sahne unter die Joghurtmasse heben.
Creme auf den Tortenboden streichen. Die gewaschenen, halbierten und entkernten Weintrauben dicht nebeneinander obenauf verteilen. 150 ml Sahne mit einem Sahnefestiger steif schlagen, in einen Spritzbeutel geben und einen blütenförmigen Kranz um die Weintrauben spritzen, zuletzt eine Rosette in die Mitte. Torte kühl stellen und durchziehen lassen.

Schoko-Zitronen-Torte

300 g Vollweizenmehl
2 gestr. TL Backpulver
10 g Kakao
130 g Vollrohrzucker
1/2 TL Natur-Vanillepulver
180 g Butter oder Margarine
200 g ger. Haselnüsse
2 EL Milch

Füllung:
10 EL Zitronensaft
3 EL Vollrohrzucker oder Ahornsirup
1 1/2 TL Agar-Agar
800 ml Sahne
2 Päckchen Vanillezucker

Alle Teigzutaten rasch zu einem glatten Teig verarbeiten und 1/2 Stunde kalt stellen. Den Teig in vier Teile teilen und einzeln auf den Boden einer gefetteten Springform ausrollen. Bei 180 - 200 Grad etwa 15 Minuten backen.

Für die Füllung das Agar-Agar in Zitronensaft auflösen, Zucker oder Sirup und die abgeriebene Schale einer unbehandelten Zitrone zugeben und kurz aufkochen. Abkühlen lassen. Die Sahne mit Vanillezucker steif schlagen, das abgekühlte Zitronengemisch langsam unterrühren.

Nach dem Erkalten die einzelnen Böden mit der Füllung zusammensetzen. Torte kühl stellen.

Den obersten Boden evtl. mit Schokoladenglasur bestreichen.

Quark-
Ölteig

Back-Kurs für Quark-Öl-Teig

Grundrezept

150 g Magerquark
6 - 8 EL Milch
8 EL Öl
75 g Vollrohrzucker oder
50 g Honig
1 Prise Salz
1 Päckchen Vanillezucker oder
abgeriebene Schale einer
unbehandelten Zitrone
300 g Vollweizenmehl
1 Päckchen Backpulver

1. Quark, Milch, Öl, Zucker bzw. Honig, Vanillezucker und Salz verrühren.

2. Mehl und Backpulver mischen und sieben. Die Hälfte des Mehls eßlöffelweise an die Quarkmasse geben und unterrühren.

3. Den Rest des Mehls rasch unterkneten. Der Teig soll elastisch sein aber nicht kleben.

4a. Teig auf eine gefettetes Backblech legen und ausrollen oder mit den Händen verteilen und andrücken. Mit ca. 1 kg gewaschenen, evtl. geschälten, evtl. zerkleinerten oder halbierten Früchten belegen (z.B. Äpfel, Pflaumen, Pfirsiche, Aprikosen). Bei 200 Grad im vorgeheizten Backofen auf der mittleren Schiene etwa 30 - 40 Minuten backen.

4b. Den Teig in eine gefettete Springform geben, mit ca. 500 g Obst belegen, bei 200 Grad auf der mittleren Schiene etwa 45 Minuten backen. Für eine Springform mit Durchmesser 26 cm ist 2/3 der Teigmenge ausreichend.

5. Blechkuchen ca. 5 Minuten abkühlen lassen, in Stücke schneiden, vorsichtig vom Blech lösen bzw. den runden Kuchen aus der Springform lösen.

Backwerk aus Quark-Ölteig schmeckt am besten frisch und sollte daher bald verzehrt werden.

Apfelkuchen

1 Grundrezept Quark-Öl-Teig (siehe "Back-Kurs")

Belag:

1 Päckchen Vanille-Pudding-pulver
20 g Speisestärke
3/8 l Milch
75 g Honig
1/8 l Sahne
1500 g Äpfel

Den Teig auf einem gefetteten Blech ausrollen.
Puddingpulver und Stärke mit etwas Milch verrühren und die übrige Milch zum Kochen bringen. Das Puddingpulver unter Rühren hineingeben, kurz aufkochen lassen. Während des Erkaltens ab und zu umrühren.
Erst nach dem Erkalten Sahne und Honig unterrühren. Die Masse gleichmässig auf den Teig verteilen. Die geschälten Äpfel vom Kerngehäuse trennen und in dünne Spalten schneiden. Schuppenförmig auf den Pudding legen.
Bei ca. 180 Grad 35 Minuten backen.

Apfeltaschen

1 Grundrezept Quark-Öl-Teig (siehe "Back-Kurs")

Füllung:
500 - 750 g Äpfel
50 g Vollrohrzucker oder Honig
50 g Rosinen
etwas abgeriebene Schale einer unbehandelten Zitrone

Die Äpfel schälen, vom Kerngehäuse befreien, in kleine Stücke schneiden und mit Zucker oder Honig und den gewaschenen Rosinen unter Rühren leicht dünsten. Erkaltet mit Zitronensaft abschmecken.
Den Teig dünn ausrollen und runde Formen (Durchmesser etwa 10 cm) ausstechen. Zur Hälfte mit der Apfelmasse belegen, den Rand der Teigplatte dünn mit Milch bepinseln. Die andere Hälfte der Teigplatte darüber klappen, die Ränder der Taschen fest zusammendrücken, auf ein gefettetes Backblech legen. Etwa 15 Minuten bei 180 Grad backen.

QUARK-ÖL-TEIG

Bienenstich

1 Grundrezept Quark-Öl-Teig (siehe "Back-Kurs")

Belag:

100 g Butter
200 g Vollrohrzucker
1 Päckchen Vanillezucker
2 EL Milch
200 - 250 g abgezogene, in feine Stifte geschnittene Mandeln
1 EL Honig

Den Teig 1/2 cm dick auf ein gefettetes Blech drücken.

Fett mit Zucker, Vanille und Milch auf kleiner Flamme zergehen lassen, dann Mandeln und Honig darunterrühren. Sollte die Masse zu fest sein, noch etwas Milch hinzufügen. Die abgekühlte Masse gleichmässig auf dem Teig verteilen. Es empfiehlt sich, mehrfach gekniffene Alufolie vor den Teig zu legen, um das Auslaufen zu vermeiden.

Im vorgeheizten Backofen bei 200 Grad etwa 20 Minuten backen.

Birnenkuchen mit Guss

100 g Magerquark
4 EL Milch
6 EL Öl
50 g Vollrohrzucker oder
40 g Honig
1 Prise Salz
1 Päckchen Vanillezucker oder
abgeriebene Schale einer
unbehandelten Zitrone
200 g Vollweizenmehl
3 TL Backpulver

Belag:
4 - 5 reife Birnen
2 EL Zitronensaft

Guss:
100 g saure Sahne
100 g Magerquark
125 g süsse Sahne
2 EL Honig
1 gestr. TL Zimt
1 TL Biobin o.ä.

Aus den Teigzutaten einen Quark-Öl-Teig herstellen (siehe "Back-Kurs").

Den Teig in einer gefetteten Springform (28 cm Ø) ausrollen, einen schmalen Rand hochdrücken. Die Birnen schälen, halbieren, das Kerngehäuse entfernen und mit der flachen Seite nach unten den Teigboden damit dicht belegen. Mit Zitronensaft beträufeln.

Für den Guss alle Zutaten zu einer cremigen Masse verquirlen und über die Birnen verteilen.

Im vorgeheizten Backofen bei 175 - 180 Grad ca. 45 Minuten backen.

Butter-Zimtkuchen

1 Grundrezept Quark-Öl-Teig (siehe "Back-Kurs")
75 g Rosinen

Belag:
125 g Butter
etwas Zimt
75 g Vollrohrzucker
4 EL Milch
2 EL Honig
200 g Mandelblättchen

Die gewaschenen, abgetropften Rosinen unter den Teig kneten. Auf einem gefetteten Backblech ausrollen, mit der zerlassenen Butter bestreichen und mit Zimt bestreuen. Die übrigen Zutaten verrühren und auf dem Teig verteilen.
Im vorgeheizten Backofen bei 180 - 190 Grad 25 Minuten backen.

Dattelbrot

1 Grundrezept Quark-Öl-Teig (siehe "Back-Kurs")

Füllung:
250 g feingeschnittene entkernte Datteln

Den Teig zu einem Rechteck von etwa 30 x 40 cm ausrollen, dünn mit Milch bestreichen und mit den Datteln bestreuen. Den Teig von der kürzeren Seite her aufrollen, in eine gefettete Kastenform legen und quer in Abständen von etwa 2 cm 1/2 cm tief einschneiden.
Bei 180 - 190 Grad etwa 40 - 50 Minuten backen. (Garprobe machen – siehe Rührteig.

(Siehe Abbildung rechts)

Kirschkuchen mit Nuss-Sahne-Guss

Den Teig auf ein gefettetes Backblech ausrollen, die entsteinten Kirschen dicht darauf verteilen.
Die Sahne mit den übrigen Zutaten gut verrühren und über den Kirschen verteilen.
Im vorgeheizten Backofen bei 200 Grad etwa 35 - 40 Min. backen.

1 Grundrezept Quark-Öl-Teig (siehe "Back-Kurs")
Belag:
ca. 1 1/2 kg Kirschen
Guss:
200 ml Schlagsahne
150 ml Saure Sahne
2 EL Ahornsirup oder Honig
4 EL gem. Haselnüsse

Kranzkuchen

Die Zutaten für die Füllung mit so viel heißer Milch verrühren, dass eine streichfähige Masse entsteht. Den Teig zu einem Rechteck (ca. 40 x 50 cm) ausrollen. Die Füllung aufstreichen, Teig von der Längsseite her aufrollen, zum Kranz formen und auf ein gefettetes Backblech oder eine Kranzkuchenform legen. Mit Milch bestreichen und den äußeren Rand in gleichmäßigen Abständen etwa 1/2 cm tief einschneiden.

1 Grundrezept Quark-Öl-Teig (siehe "Back-Kurs")
Füllung:
250 g gemahlene Wal- oder Haselnüsse
100 g Honig
2 EL Semmelbrösel
1/2 TL Zimt
einige Tropfen Bittermandelaroma
ca. 6 - 8 EL heiße Milch

Bei 175 - 190 Grad etwa 30 - 40 Minuten backen. (Garprobe machen – siehe Rührteig.)

(Siehe Abbildung links)

Mohnkuchen mit Streuseln

1 Grundrezept Quark-Öl-Teig siehe "Back-Kurs")

Belag:

500 g gemahlener Mohn
125 g Vollrohrzucker oder Honig
1 Päckchen Vanillezucker
abgeriebene Schale einer unbehandelten Zitrone
1/2 TL Zimt
100 g Mandelstifte
50 g Butter oder Margarine
ca. 1/2 l Milch

Streusel:

200 g Vollweizenmehl
100 g Vollrohrzucker
1 Msp. Zimt
100 g Butter

Den Teig auf einem gefetteten Backblech ausrollen. Für den Belag den Mohn in die kochende Milch geben, kurz aufkochen, Zucker und Gewürze zufügen, zuletzt die zerlassene Butter, evtl. Honig und die Mandeln. Die Masse muß gut streichfähig aber nicht zu weich sein. Erkaltet auf den Teigboden streichen.

Für die Streusel das Mehl in eine Schüssel sieben, mit Zucker und Zimt mischen. Die Butter in kleine Flöckchen dazugeben, alle Zutaten nun zu Streuseln vermengen und diese gleichmässig auf den Belag streuen.

Bei 200 Grad 25 - 30 Minuten backen.

Pflaumen-Streuselkuchen

1 Grundrezept Quark-Öl-Teig (siehe "Back-Kurs")

Belag:
ca. 1 1/2 kg Pflaumen

Streusel:
250g Vollweizenmehl
125 g Vollrohrzucker
1 Päckchen Vanillezucker
1 Msp. Zimt
150 g Butter

Den Teig auf einem gefetteten Backblech ausrollen.
Die Pflaumen waschen, entsteinen und mit der Innenseite nach oben auf den Teigboden legen.
Zutaten für die Streusel in eine Schüssel geben, die Butter in kleinen Flöckchen dazugeben und alles zu Streuseln vermengen. Gleichmässig über die Pflaumen verteilen.
Bei 200 Grad etwa 25 Minuten backen.

Schnecken

1 Grundrezept Quark-Öl-Teig (siehe "Back-Kurs")

Füllung:
50 g weiche Butter
100 g kleingeschnittene Datteln
50 g Rosinen
50 g Korinthen
50 g gehackte Mandeln
50 g Vollrohrzucker

Den Teig zu einem Rechteck dünn ausrollen und mit Butter bestreichen. Datteln, gewaschene und abgetropfte Rosinen und Korinthen, Mandeln und Zucker gut vermischen, auf den Teig streuen und von der schmaleren Seite her aufrollen. Etwa 1 1/2 cm breite Streifen schneiden, auf ein gefettetes Backblech legen, leicht flach drücken und mit etwas Milch bepinseln.

Bei 175 - 190 Grad etwa 20 Minuten backen.

Evtl. die noch heißen Schnecken mit einem Guss überziehen (siehe Kuchen- und Tortenglasuren).

Hefeteig

Back-Kurs für Hefeteig

Grundrezept

500 g Dinkelvollkornmehl oder Vollweizenmehl
1 Würfel Hefe (40 g) oder 1 Päckchen Trockenhefe
ca. 1/4 l lauwarme Milch (bei Verwendung von gröberem Vollweizenmehl etwas mehr Milch nehmen)
75 g Vollrohrzucker oder 3 EL Honig
1 Prise Salz
100 g Butter oder Margarine
evtl. 1- 2 EL Sojamehl

1. Alle Zutaten sollten nach Möglichkeit lauwarm sein. Mehl und Sojamehl in eine Schüssel sieben, in die Mitte eine Vertiefung machen. Hefe in einem Becher mit 1 TL (von der Gesamtmenge abgenommenen) Zucker oder Honig und etwas Milch verrühren, die Hefemischung in die Vertiefung giessen, mit etwas Mehl verrühren und anschließend mit etwas Mehl bestäuben. Mit einem Geschirrtuch bedeckt ca. 10 - 15 Minuten an einem warmen, zugfreien Ort gehen lassen (z.B. in Heizungsnähe o.ä.). Der Vorteig sollte sich verdoppeln.
Bei Verwendung von Trockenhefe entfällt die Vorbereitung des Vorteigs: Die Trockenhefe wird gründlich mit den trockenen Zutaten vermischt.

2. Fett, Salz und Milch erwärmen. Den Vorteig unter das Mehl rühren, Milchmischung und Zucker bzw. Honig darunterrühren. (Fett und Salz dürfen nicht unmittelbar mit der Hefe in Berührung kommen, damit sie ihre Triebkraft nicht verliert. Dagegen fördern Zucker oder Honig ihre Gehfähigkeit.) Den Teig mit einem Holzlöffel so lange kräftig schlagen, bis er Blasen wirft und sich vom Löffel löst.

3. Den Teig erneut bedecken und an einem warmen Ort zu doppelter Größe aufgehen lassen (ca. 1/2 Stunde). Vor der Weiterverarbeitung nochmals gut durchkneten.

4. Anschließend den Teig in eine gefettete Form geben oder in Teilchen formen und wieder etwa 15-20 Minuten gehen lassen.

5. Im vorgeheizten Backofen bei etwa 200 - 225 Grad je nach Gebäckgrösse 25 - 40 Minuten backen.

Schweizer Apfelkuchen

250 g Vollweizenmehl
50 g Vollrohrzucker
ca. 1/8 l Milch
25 g Butter oder Margarine
1/2 Würfel Hefe

Belag:
1 kg säuerliche Äpfel
5 EL Preiselbeeren

Guss:
200 g Sauerrahm (Schmand)
100 ml süsse Sahne
2 EL fein gem. Mandeln

HEFETEIG

Aus den Teigzutaten einen Hefeteig bereiten (siehe „Back-Kurs“) und an einem warmen Ort 20 - 25 Minuten gehen lassen.
In der Zwischenzeit die Äpfel schälen, halbieren, Kerngehäuse entfernen. Auf der runden Seite längs mehrmals dicht nebeneinander einschneiden.
Den Teig nochmals durchkneten und in einer gefetteten Springform (28 cm Ø) ausrollen. Rand hochdrücken.
Die Apfelhälften dicht auf dem Teig verteilen, nochmals 20 Min. gehen lassen. Die Zutaten für den Guss gut verrühren, über die Äpfel giessen und im vorgeheizten Backofen bei 200 Grad ca. 30 Minuten backen. Danach mit den Preiselbeeren verzieren.

Nußkuchen

400 g Vollweizenmehl
30g Hefe
ca. 1/8 L Milch
1/2 TL Salz
75 g Vollrohrzucker
abgeriebene Schale einer unbehandelten Zitrone

Füllung:
150 g gem. Nüsse
100 g Vollrohrzucker oder Honig
60 g Butter
2 TL Speisestärke

Das Mehl in eine Schüssel geben, eine Mulde machen, die zerbröselte Hefe hineingeben, mit lauwarmer Milch auflösen und mit etwas Mehl bestäuben. Schüssel warm stellen!
Sobald der Ansatz genug gegangen ist (siehe Backkurs Hefeteig), die anderen Zutaten untermischen und den Teig gut abschlagen bis er glatt ist. Ca. 30 Min. an warmer Stelle gehen lassen.
Für die Füllung Butter und Zucker schaumig schlagen, Nüsse und Speisestärke zugeben, evtl. etwas warmes Wasser, so dass die Masse streichfähig wird.
Den gegangenen Teig zu einem Rechteck ausrollen und mit der Fülle bestreichen. Von der Längsseite aufrollen und in eine gefettete Kastenform legen, nochmals kurz gehen lassen. Die Oberfläche mit Milch bestreichen, Oberfläche längs einschneiden und bei ca. 190 - 200 Grad backen.

Apfel-Streuselkuchen

Äpfel schälen, entkernen, in Scheiben schneiden. In einer Schüssel mit den gewaschenen, abgetropften Rosinen und Mandeln, Zucker oder Honig und Zimt vermischen und alles gleichmässig auf dem Teigboden verteilen.
Für die Streusel Mehl, Zucker und Vanille in eine Schüssel geben, die Butter in Flöckchen darüber verteilen und alles zusammen zu Streuseln verarbeiten. Über die Äpfel verteilen.
Backzeit: 25 - 30 Minuten bei 200 Grad.

1 Grundrezept Hefeteig (siehe "Back-Kurs")

Belag:
1,5 kg Äpfel
100 g Rosinen
100 g gehackte Mandeln
2 TL Zimt
50 g Vollrohrzucker oder 2 EL Honig

Streusel:
250 g Vollweizenmehl
125 g Butter
100 g Vollrohrzucker
etwas Vanille

Aprikosen-Streuselkuchen

Siehe Apfel-Streuselkuchen; statt Äpfeln 1 1/2 kg Aprikosen.
(Siehe Abbildung links)

Aprikosen-Kuchen mit Quark-Guss

HEFETEIG

1 Grundrezept Hefeteig (siehe "Back-Kurs")

Belag:
ca. 1,5 kg Aprikosen

Guss:
250 g Magerquark
200 g Sahne
2 EL gem. Haselnüsse oder Kokosraspeln
100 g Vollrohrzucker
1 TL Zimt
4 - 5 EL Milch

Aprikosen waschen, halbieren und entsteinen. Mit der flachen Seite dicht nebeneinander auf den Teig legen.
Für den Guss alle Zutaten gut verrühren, so dass eine dickflüssige Masse entsteht (evtl. etwas Milch zugeben), und gleichmässig auf den Aprikosen verteilen.
Backzeit: 30 - 40 Minuten bei 180 - 200 Grad.

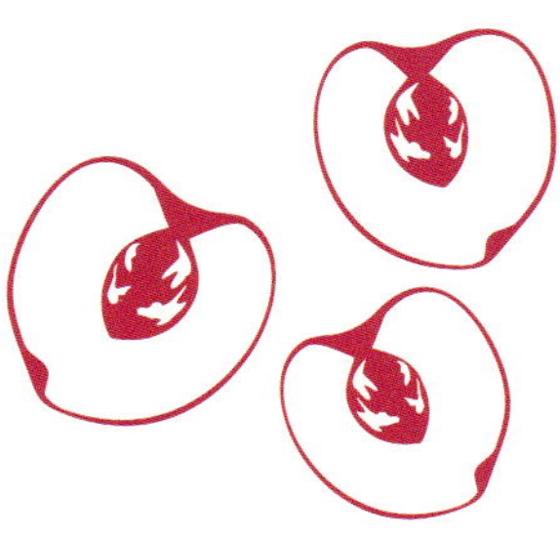

Butterkuchen
(auf dem Blech)

Den Teig nach Grundrezept bereiten. Nach dem Gehen auf einem gefetteten Backblech ausrollen und mit Crème fraîche bzw. saurer Sahne bestreichen. Viele kleine Mulden eindrücken und die Butter in Flöckchen hineinsetzen. Zucker und Zimt mischen darüber streuen oder Honig darüber laufen lassen. Zuletzt die Mandeln gleichmäßig verteilen.
Den Teig nochmals so lange gehen lassen, bis er sich sichtbar vergrößert hat. Erst dann in den vorgeheizten Ofen schieben und ca. 20 Min. bei 200 Grad backen

1 Grundrezept Hefeteig
(siehe "Back-Kurs")

Belag:
ca. 5 EL Crème fraîche oder saure Sahne
200 g Butter
150 g gehobelte Mandeln
100 g Vollrohrzucker oder 5 EL Honig
etwas Zimt

Gefüllter Bienenstich

375 g Dinkelvollkornmehl
75 g Butter
75 g Vollrohrzucker oder
2 EL Honig
1/2 Würfel Hefe
1 Prise Salz
ca. 200 ml Milch

Belag:
40 g Butter
30 g Vollrohrzucker
40 g Honig
100 - 150 ml Sahne
200 g Mandelblättchen

Füllung:
1/2 l Milch
2 Päckchen Vanille-Puddingpulver
60 g Vollrohrzucker oder
3 EL Honig
1/2 TL Biobin o.ä.
400 ml Sahne
1 walnussgroßes Stück Butter

Hefeteig gemäß "Back-Kurs"(s. dort) zubereiten und nach dem Gehen eine gefettete Springform (28 cm Ø) damit auslegen.
Für den Belag die Butter zergehen lassen, alle anderen Zutaten dazugeben und kurz aufkochen lassen. Die Masse soll gebunden sein. Abkühlen lassen und auf den Teig streichen. Teig nochmals gehen lassen!
Im vorgeheizten Backofen etwa 30 Minuten bei 180 Grad backen. Abkühlen lassen.
Für die Füllung aus Milch und Puddingpulver einen Pudding kochen. Zucker oder Honig und Butter unterrühren. Während des Abkühlens öfter umrühren, damit sich keine Haut bildet. Sahne mit Biobin steif schlagen und vorsichtig unter den abgekühlten Pudding heben.
Nach dem Erkalten den Kuchen vorsichtig einmal waagrecht durchschneiden und mit der Vanillecreme füllen.

Buchteln

1 Grundrezept Hefeteig (siehe "Back-Kurs")

Füllung:

200 g gem. Mohn
ca. 200 ml heiße Milch
4 - 5 EL Honig oder 125 g Vollrohrzucker
Vanille
etwas Zimt
etwas abgeriebene Schale einer unbehandelten Zitrone

Einen nicht zu weichen Hefeteig nach Grundrezept herstellen. Nach dem Gehen den Teig ausrollen. Gleich große quadratische Stücke schneiden.
Für die Füllung die Milch zum Kochen bringen, den Mohn einstreuen und bei schwacher Hitze ausquellen lassen. Honig und die Gewürze unterrühren und abschmecken. Die Masse darf nicht zu weich sein. Auf die Teigstücke verteilen und Kugeln formen. Eine Spring- oder Auflaufform fetten und die Buchteln mit der glatten Seite nach oben dicht aneinander hineinsetzen. Danach nochmals etwa 20 Minuten gehen lassen.
Im vorgeheizten Backofen ca. 40 Minuten bei 200 Grad knusprig backen. Evtl. nach halber Backzeit einige Butterflöckchen auf der Oberflächer verteilen! Man kann die Buchteln auch mit Pflaumenmus oder fester Marmelade füllen.

Gugelhupf (Napfkuchen)

500 g Dinkelvollkornmehl
40 g Hefe oder 1 Päckchen Trockenhefe
1 TL Vollrohrzucker
1/8 - 1/4 l Milch
150 g Vollrohrzucker
1 Prise Salz
75 g Rosinen
50 g Zitronat oder Orangeat
50 g gehackte Mandeln
150 g Butter

Für die Form:
20 g Butter
20 ganze abgezogene Mandeln

Mehl in eine Schüssel geben, in die Mitte eine Mulde drücken und die Hefe hineinbröseln. Etwas Zucker darauf streuen und die Hefe mit der Hälfte der angewärmten Milch leicht verrühren. Die Hefe an einem warmen Ort gehen lassen. Wenn sie aufgegangen ist und Blasen wirft, den Teig mit Zucker, Salz und Trockenfrüchten gut verkneten. Die Butter erwärmen, flüssig über den Teig giessen und so lange kneten, bis er sich vom Schüsselboden löst. Falls nötig, noch Milch dazugiessen, doch darf der Teig keinesfalls zu weich sein.

Eine Gugelhupfform mit Butter ausstreichen und die Mandeln auf den Boden der Form legen. Den Hefeteig hineingeben und nun so lange gehen lassen, bis der Teig fast über den Rand läuft. Dann bei 175 Grad etwa 1 Stunde backen. Noch warm vorsichtig aus der Form lösen. Evtl. mit flüssigem Honig bepinseln und mit Mandelstiften bestreuen.

Hefekranz

375 g Vollweizenmehl
25 g Hefe
1 Prise Salz
etwas Milch
50 g Butter

Füllung:
150 g gem. Haselnüsse
100 g Vollrohrzucker oder Honig
60 g Semmelbrösel
1 Prise Zimt
abgeriebene Schale einer unbehandelten Zitrone
etwas Milch

Nach Grundrezept einen Hefeteig bereiten. An einem warmen Ort bis auf doppelte Größe gehen lassen. Unterdessen aus Milch, Nüssen, Zucker, Semmelbröseln, Zimt und abgeriebener Zitronenschale die Füllung bereiten. Teig zu einen Rechteck ausrollen, mit der Füllung bestreichen und aufrollen. In eine gefettete Ringform (Napfkuchen) legen, bei 180 - 200 Grad ca. 45 - 50 Minuten backen.

Hefestrudel

1/2 Grundrezept Hefeteig (siehe "Backkurs")

Nuss- oder Mohnfüllung: siehe "Mürber Nuss- oder Mohnstrudel"
Apfelfüllung: siehe "Mürber Apfelstrudel"

(Siehe Abbildung rechts)

Hefeteig nach dem Gehen zu einem Rechteck dünn ausrollen, mit Füllung belegen (Ränder freilassen und mit Milch bestreichen) und vorsichtig zusammenrollen. Enden fest zusammendrücken, Strudel mit Milch bestreichen, auf ein gefettetes Backblech legen und nochmals 20 Minuten gehen lassen.
Im vorgeheizten Backofen bei 180 Grad etwa 50 Minuten backen.

Gefüllter Hefezopf

500 g Vollweizenmehl
gut 1/8 l lauwarme Milch
1 Würfel Hefe oder
1 P. Trockenhefe
150 g weiche Butter oder
Margarine
60 g Vollrohrzucker
Milch zum Bestreichen

Füllung:
4 EL Aprikosenmarmelade
200 g getrocknete Feigen
100 g gehackte Mandeln
oder Cashew Kerne
50 g Korinthen
40 g gehobelte Mandeln

Aus den Teigzutaten einen Hefeteig (siehe Back-Kurs) zubereiten und 40 Minuten gehen lassen. Auf bemehlter Arbeitsfläche den Teig zu einem Rechteck (30 x 40 cm) ausrollen.
Marmelade gleichmässig aufstreichen. Feigen und Mandeln oder Cashew-Kerne fein hacken und mit den Korinthen darauf verteilen. Von der langen Seite her fest aufrollen, die Rolle teilen, Enden fest zusammendrücken und beide Rollen miteinander verschlingen. Auf ein gefettetes Backblech legen und nochmals 30 Minuten gehen lassen. Mit Milch bestreichen und Mandelblättchen bestreuen.
Im vorgeheizten Backofen bei 180 Grad ca. 35 - 40 Minuten backen.

Nuss-Spiral-Gugelhupf

450 g Dinkelvollkornmehl
90 g zerlassene Butter
60 g Vollrohrzucker
30 g Hefe
ca. 170 ml Milch

Füllung:
200 g gem. Nüsse oder Mandeln
3 EL Semmelbrösel
50 g Vollrohrzucker
50 g Honig
1 TL Zimt
Saft und Schale 1/2 unbehandelten Zitrone
1 kl. Tasse heiße Milch

Mehl in eine Rührschüssel geben, in die Mitte eine Mulde drücken und die Hefe hineinbröseln, etwas Zucker darüberstreuen, die Hefe mit der Hälfte der angewärmten Milch leicht verrühren. Etwas Mehl darüber streuen. An einem warmen Ort gehen lassen. Wenn sie aufgegangen ist und Blasen wirft, den restlichen Zucker und nach und nach die Milch unterrühren, zuletzt die zerlassene Butter. Nun so lange kneten, bis sich der Teig vom Schüsselboden löst, er sollte nicht zu weich sein.
Für die Füllung alle Zutaten gut vermischen. Die Masse sollte steichfähig sein.
Den Teig in 3 Teile teilen, daraus 3 Rollen formen, mit dem Nudelholz platt rollen, mit Fülle bestreichen, zusammenrollen und übereinander in eine gut gefettete Gugelhupfform (24 - 26 cm Ø) legen. Mit einem Tuch bedeckt 1 - 1 1/2 Stunden gehen lassen.
Im vorgeheizten Backofen bei 175 Grad etwa 50 - 60 Minuten goldbraun backen. Evtl. mit Folie oder Pergamentpapier abdecken, damit er nicht zu dunkel wird. (Garprobe machen!)
Bei geöffneter Ofentür noch etwa 10 Minuten abkühlen lassen. Noch warm stürzen. Evtl. mit zerlassener Butter oder Ahornsirup bestreichen.

Nusshörnchen

1 Grundrezept Hefeteig
(siehe "Backkurs")

Füllung:
50 g Vollrohrzucker oder Honig
125 g gem. Haselnüsse
1 Päckchen Vanillezucker oder etwas Naturvanillepulver
5 EL süßer Rahm
einige Tropfen Rumaroma

Den gegangenen Teig in 2 Hälften teilen und jede zu einer runden, 1/2 cm dicken Platte ausrollen. Diese schneidet man mit einem Backrädchen in je 8 Stücke, wie man einen Obstkuchen aufschneidet, so dass langgezogene Dreiecke entstehen.
Die zur Füllung angegebenen Zutaten erst kurz vor Gebrauch anrühren. Auf jedes Dreieck an der Breitseite einen Kaffeelöffel voll Füllung geben. Teigdreiecke nach innen aufwickeln und gleichzeitig die Zipfel etwas einbiegen.
Auf gut gefettetem Blech noch kurz gehen lassen und etwa 15 - 20 Minuten bei 200 Grad backen. Noch heiß mit flüssigem Honig bestreichen.

Osterzopf

Mehl in eine Schüssel geben, in die Mitte eine Mulde drücken, Hefe mit Zucker und einem Teil der warmen Milch anrühren, in der Mulde ca. 15 Minuten gehen lassen. (Trockenhefe sofort mit allen Zutaten verarbeiten.) Langsam verrühren, die übrigen Zutaten zugeben und gut verkneten. Ca. 40 Minuten gehen lassen, wieder durchkneten. Drei Rollen formen und daraus einen Zopf flechten. Auf ein gefettetes Blech legen und nochmals ca. 15 Minuten gehen lassen.
Bei 180 Grad ca. 25 - 30 Minuten backen.

500 g Vollweizenmehl
1 Würfel Hefe oder 1 Päckchen Trockenhefe
1 EL Vollrohrzucker
ca. 200 ml Milch
3 - 4 EL Honig
100 g weiche Butter
150 g gehackte Mandeln
Sahne zum Bestreichen

Obstkuchen auf dem Blech

Den aufgegangenen Teig nochmals gut durcharbeiten, auf einem gefetteten Backblech ausrollen und belegen (siehe die Varianten nächste Seite). Der belegte Kuchen muss nochmals so lange gehen, bis er sich verdoppelt hat, erst dann kommt er in den vorgeheizten Backofen.

1 Grundrezept Hefeteig (siehe Back-Kurs")

Pflaumen- oder Zwetschgenkuchen

1 Grundrezept Hefeteig (siehe "Back-Kurs")

Belag:
1 1/2 kg Pflaumen oder Zwetschgen
etwas Vollrohrzucker oder flüssigen Honig
etwas Zimt

Möchte man einen dünnen Boden, dann nur 3/4 der Teigzutaten verwenden.
Pflaumen waschen und entsteinen. Mit der Innenseite nach oben den Teigboden dicht damit belegen. Nach dem Backen mit Zucker und Zimt bestreuen bzw. mit Honig beträufeln.
Backzeit: ca. 30 Minuten bei 200 Grad.

Pflaumenkuchen mit Krokant

Pflaumen waschen, halbieren und entsteinen. Mit der Innenseite nach oben den Teigboden dick damit belegen. Für den Krokant die Nüsse grob zerkleinern. Den Zucker in einer Pfanne hellbraun karamelisieren lassen, Butter unter Rühren zugeben und zerlaufen lassen. Honig oder Ahornsirup und Sahne hinzugeben und unter ständigem Rühren alles zusammen aufkochen lassen. Vom Feuer nehmen, die grob geriebenen Nüsse unterrühren und abkühlen lassen. Über die Pflaumen verteilen.
Backzeit: ca. 30 - 40 Minuten bei 200 Grad.

1 Grundrezept Hefeteig
(siehe “Back-Kurs”)

Belag:
1 1/2 - 2 kg Pflaumen
Krokant:
300 g Walnusskerne
100 g Haselnusskerne
150 g Vollrohrzucker
8 EL Sahne
130 g Butter
3 EL Honig oder Ahornsirup

HEFETEIG

Pflaumenkuchen mit Nuss-Streuseln

Pflaumen waschen und entsteinen. Mit der Innenseite nach oben den Teigboden dicht belegen.
Für die Streusel alle Zutaten verkneten, mit den Händen zu Streuseln zerreiben und über die Pflaumen streuen.
Backzeit: ca. 30 Minuten bei 200 Grad.

1 Grundrezept Hefeteig
(siehe “Back-Kurs”)

Belag:
1 1/2 - 2 kg Pflaumen
Streusel:
150 g gem. Haselnüsse
5 EL Vollrohrzucker
2 TL Zimt
100 g Butter

Streuselkuchen
auf dem Blech

1 Grundrezept Hefeteig (siehe "Back-Kurs")

Belag:
etwas Sahne oder Crème fraîche
300 g Vollweizenmehl
150 g Vollrohrzucker
1 TL Zimt
1 Prise Muskat
150 g Butter

Den Hefeteig nach dem Gehen auf einem gefetteten Blech ausrollen und mit Sahne oder Crème fraîche bestreichen.
Mehl, Zucker und Gewürze in eine Schüssel geben, die Butter in Flöckchen darüber verteilen, mit den Händen alles zusammen zu Streuseln zerkrümeln und gleichmässig über den Teig verteilen.
Den belegten Teig nochmals gehen lassen und 25 Minuten bei 200 Grad backen.

Kirsch-Schoko-Streuselkuchen

1 Grundrezept Hefeteig (siehe "Back-Kurs")

Belag:
ca. 1 1/2 - 2 kg Kirschen
Streusel:
siehe Zutaten "Apfel-Streusel-Kuchen"
50 g grob geriebene Bitterschokolade

Kirschen waschen, entsteinen und gleichmässig auf den Teig verteilen. Mit den Streuseln bestreuen. 5 - 10 Minuten vor Ende der Backzeit die geriebene Schokolade darüber verteilen und zerlaufen lassen.
Backzeit: ca. 30 Minuten bei 200 Grad.

Schmandkuchen
auf dem Blech

1 Grundrezept Hefeteig
(siehe "Back-Kurs")

Belag:
50 g Butter
200 g Mandelblättchen
400 ml Schmand oder Sauerrahm
5 EL Honig
1 TL Vanille-Pulver
1 TL Zimt

Den Teig nach dem Gehen auf einem gefetteten Blech ausrollen.
Die Butter erhitzen, Mandeln hineingeben und leicht anbräunen. Die Mandeln dürfen nicht zu braun werden! Die anderen Zutaten zu einer Creme verrühren und über den Teig verteilen. Zuletzt die abgekühlten Mandeln darüber streuen.
Den belegten Teig nochmals gehen lassen und 30 Minuten bei 180 -190 Grad backen.

HEFETEIG

Schneckennudeln

1 Grundrezept Hefeteig (siehe "Backkurs")
50 g zerlassene Butter
50 g Sultaninen
50 - 70 g Vollrohrzucker
Zimt nach Geschmack

Den gut gegangenen Teig auf bemehltem Backbrett zu einem kleinfingerdicken Rechteck ausrollen. (Je kleiner das Rechteck, desto größer die Schnecken.) Das Rechteck mit zerlassenem Fett bestreichen. Zucker, Zimt, gewaschene und wieder getrocknete Sultaninen vermengen und auf den Teig streuen, von der Breitseite her aufrollen und 3 cm breite Stücke abschneiden.
Auf einem gut gefetteten Blech nochmals gehen lassen und bei 210 Grad etwa 20 Minuten hellbraun backen. Nach dem Backen können die Schnecken noch heiß mit Honig oder Ahornsirup bestrichen werden.

Weihnachtsstollen

1 kg Vollweizenmehl
125 g Vollrohrzucker
375 g Butter
1/4 l Milch
3 Würfel Hefe
1 Prise Salz
500 g gewaschene und trocken getupfte Sultaninen
100 g fein gewürfeltes Zitronat
100 g fein gewürfeltes Orangeat
100 g gestiftelte Mandeln
1 Msp. Kardamom
1 Msp. Muskatblüte
Schale einer halben unbehandelten Zitrone
250 g Butter zum Bestreichen

Aus Mehl, Zucker, Butter, Milch und Hefe einen Hefeteig herstellen und 1 Stunde an einer warmen Stelle gehen lassen (siehe “Back-Kurs Hefeteig”).
In den gegangenen Teig die Sultaninen (mit etwas Rumaroma vermischt), Zitronat, Orangeat, Mandeln und die Gewürze unterkneten. Danach wieder 1 - 2 Stunden gehen lassen. Teig nochmals gut durchkneten und zu einem Stollen formen.
Auf einem gefetteten Backblech im nicht vorgeheizten Backofen bei 175 Grad ca. 1 Stunde backen.
Noch warm mit zerlassener Butter bestreichen, bis sie verbraucht ist, d.h. bestreichen, einziehen lassen usw. Den Stollen erkalten lassen und evtl. mit Puderzucker bestreuen. Luftdicht verpackt ca. 4 Wochen ruhen lassen.

Christstollen

Hefe mit etwas erwärmten Milch, 1 TL Zucker und 1 TL Mehl in einer Tasse gut verrühren und zugedeckt an warmer Stelle aufgehen lassen. Mehl, Zucker, Salz und Gewürze in eine Schüssel geben. Die gut aufgegangene Hefe dazu geben und mit der lau warmen Milch langsam unterrühren. Dann die flüssige, nicht heiße Butter, die gewaschenen Rosinen, Mandeln, Zitronat und Orangeat nach und nach zugeben und zu einem glatten Teig gut durchkneten.

Mit einem Tuch die Schüssel zu decken un an einem warmen Ort ca. 1-1 1/2 Std. gehen lassen. Auf bemehlter Arbeitsfläche kräftig kneten und zu einem Stollen formen. Auf ein gefettetes Backblech legen und nochmals 20 Min. gehen lassen.

Im vorgeheizten Backofen bei 170 - 180 Grad ca. 50 - 60 Min. backen. (Garprobe machen!)

Den Stollen noch heiß mit etwas flüssiger Butter bepinseln.

500 g Vollweizenmehl
100 g Vollrohrzucker
200 g flüssige Butter
50 g Hefe
125 g Rosinen
125 g Zitronat, fein gewürfelt
75 g Orangeat, fein gewürfelt
125 g gehackte Mandeln
1 TL Salz
Rumaroma
abgeriebene Schale einer unbehandelten Zitrone
ca. 1/8 l Milch
50 g Butter zum bestreichen

Christstollen mit Marzipan

500 g Vollweizenmehl
1 Würfel Hefe
1/8 l lauwarme Milch
80 g Vollrohrzucker oder
65 g Honig
180 g Butter
1/4 TL Salz
50 g Butter zum Bestreichen
100 g Rosinen
80 g Korinthen
100 g fein gewürfeltes Zitronat
50 g fein gewürfeltes Orangeat
125 g gehackte Mandeln
abgeriebene Schale einer unbehandelten Zitrone
1 Prise gem. Nelken
1 Prise Muskatblüte
einige Tropfen Bittermandelöl
Rumaroma
200 g Honig-Marzipan

Mehl in eine Schüssel sieben, eine Mulde hineindrücken, Hefe hineinbröseln und mit etwas Milch, Zucker und Mehl für den Vorteig verrühren. Zugedeckt etwa 15 Min. gehen lassen. Das übrige Mehl, Salz, Milch, Zucker oder Honig zufügen, ebenso die gewaschenen, gut abgetropften Rosinen und Korinthen, Zitronat, Orangeat, Mandeln und Gewürze, und alles zusammen sehr gut zu einem glatten Teig verkneten. An einem warmen Ort zugedeckt 1 Stunde gehen lassen.

Den Teig auf bemehlter Arbeitsfläche recht kräftig durchkneten und zu einem Oval ausrollen. Den Honig-Marzipan zu einer Rolle formen und in die Teigmitte legen. Den Teig beidseitig zur Mitte hin umschlagen, die Enden zusammendrücken und zu einem Stollen formen. Auf einem gefetteten Blech nochmals 45 Minuten gehen lassen.

Im vorgeheizten Backofen bei 175 - 180 Grad ca. 1 Std. backen. Evtl. mit Alufolie abdecken, falls er zu schnell bräunt. Noch warm mit zerlassener Butter bestreichen.

Viktoriakuchen

375 g Vollweizenmehl
75 g Vollrohrzucker oder 80 g Honig
80 g Butter oder Margarine
1/2 Würfel Hefe
ca. 200 ml Milch

Füllung:
400 ml Milch
1 Päckchen Vanille-Puddingpulver
2 EL Vollrohrzucker oder Ahornsirup
50 g Butter

Streusel:
200 g Vollweizenmehl
100 g Butter
100 g Vollrohrzucker
30 g gehackte Mandeln

Aus den Teigzutaten einen Hefeteig (siehe "Back-Kurs") zubereiten und etwa 40 Minuten an einem warmen Ort zugedeckt gehen lassen.
Inzwischen die Milch zum Kochen bringen, das glattgerührte Puddingpulver hineingeben und unter Rühren kurz aufkochen. Mit Zucker oder Ahornsirup süßen, die Butter dazugeben und mehrmals umrühren.
Für die Streusel alle Zutaten verkneten und zu Streusel zerkrümeln.
Den Teig nochmals gut durchkneten, halbieren und eine Hälfte in eine gefettete Springform (28 cm Ø) ausrollen. Den abgekühlten Pudding darauf streichen. Die zweite Teighälfte dünn zum Kreis ausrollen, auf den Pudding legen und die Ränder fest andrücken. Nochmals 20 - 30 Minuten gehen lassen, dann mit etwas Milch bestreichen und die Streusel darauf verteilen.
Im vorgeheizten Backofen bei 200 Grad etwa 20 - 25 Min. backen.

Blätterteig

Back-Kurs für Blätterteig und Quarkblätterteig

Grundrezept Blätterteig

250 g Vollweizenmehl
1/8 l kaltes Wasser
50 g Butter
1 TL Salz
200 g Butter

1. Mehl auf ein Backbrett sieben, Wasser in die Mitte geben und mit 50 g Butter und Salz zu einem glatten Teig vermengen. Der Teig muss gut durchgearbeitet werden, bis er recht geschmeidig ist. 1/4 Stunde ruhen lassen. Teig 1/2 cm dick ausrollen.
2. Butterstück in Butterbrotpapier einschlagen, mit dem Nudelholz zu einem 1 cm hohen Rechteck formen und das Butterstück auf den ausgerollten Teig legen.
3. Den Teig zusammenschlagen, d.h. alle Seiten zur Mitte und die Enden fest zusammendrücken. In einer Richtung ausrollen (3 mal so lang wie breit), Teig zusammenschlagen, in entgegengesetzter Richtung genauso ausrollen, wieder zusammenschlagen.
4. Diesen Vorgang 3 - 4 mal wiederholen. Dazwischen den Teig jeweils 20 - 30 Minuten im Kühlschrank ruhen lassen. Blätterteig niemals kneten, nur immer ausrollen!
5. Weitere Verarbeitung siehe Grundrezept Quarkblätterteig.

Grundrezept Quarkblätterteig

200 g Vollweizenmehl
200 g kalter trockener Magerquark
1 Msp. Backpulver
150 - 200 g kalte Butter oder Margarine
evtl. etwas Vanille
1 Prise Salz

1. Alle Zutaten rasch verkneten, 1/2 Stunde kalt stellen.
2. Teig etwa 1 cm dick zu einem Rechteck ausrollen, schmale Enden einklappen, so dass sie sich in der Mitte berühren, dann den Teig in der Mitte falten (wie man ein Buch schliesst), so dass insgesamt 4 Teigschichten übereinander liegen, 1/2 Stunde kalt stellen.
3. Teig erneut nach den beiden offenen Seiten ausrollen, weiter verfahren wie unter 2.
4. Evtl. das ganze noch einmal wiederholen.
5. Teig etwa kleinfingerdick ausrollen (rund oder eckig, je nach Gebäckart) bzw. in die gewünschte Form bringen.
6. Backblech oder Springform ebenfalls kalt stellen oder mit kaltem Wasser abspülen, aber nicht einfetten.
7. Teig darauf bzw. hineingeben, auf der mittleren Schiene im stets vorgeheizten Backofen bei 200 - 225 Grad 20 - 25 Minuten backen (je nach Dicke des Gebäcks).
8. Nach dem Backen aus der Form bzw. vom Blech lösen und auf einem Kuchengitter abkühlen lassen.

Möglichst frisch verzehren.

Quarkblätterteig eignet sich besonders zur Herstellung von gefülltem Gebäck wie z.B. Hörnchen oder Taschen.

Apfel- oder Kirschstrudel

1 Grundrezept Blätterteig oder Quarkblätterteig (siehe "Back-Kurs") oder 600 g Tiefkühlblätterteig (Packungshinweise beachten)

Füllung:
Äpfel oder Kirschen, siehe "Gedeckter Apfel- oder Kirschkuchen"
3 EL Semmelbrösel

Den Blätterteig 3 mm dick auf bemehlter Arbeitsfläche ausrollen. Die Hälfte des Teiges auf ein kalt abgespültes Backblech legen, mit Semmelbröseln bestreuen und die vorbereitete Füllung darauf verteilen.
Die Ränder mit Milch bestreichen. Die zweite Teighälfte vorsichtig darüber legen und die Ränder fest andrücken. Mit Milch oder Sahne bestreichen.
Bei 200 - 225 Grad im vorgeheizten Backofen etwa 25 Minuten backen. Noch warm in Stücke schneiden. Mit vanillierter Sahne servieren!

Apfeltaschen

1 Grundrezept Quarkblätterteig (siehe "Back-Kurs")
Füllung:
500 g Äpfel
50 g Rosinen
evtl. 75 g Vollrohrzucker
abgeriebene Schale einer unbehandelten Zitrone

Äpfel schälen, vom Kerngehäuse befreien, raspeln und mit den anderen Zutaten vermischen.
Den Quarkblätterteig knapp 1/2 cm dick ausrollen und runde Scheiben (10 cm Durchmesser) ausstechen. Die eine Hälfte jeder Scheibe mit etwas Füllung belegen, die Ränder dünn mit Milch bestreichen und die andere Teighälfte darüber klappen. Die Ränder fest andrükken.
Auf ein kalt abgespültes Backblech legen und im vorgeheizten Backofen bei 200 - 220 Grad etwa 15 - 20 Minuten backen.

Aprikosentaschen

Den Teig auf bemehlter Fläche ausrollen, in 10 cm große Quadrate ausschneiden, die Mitte mit Marmelade bestreichen, eine halbe Aprikose darauf setzen, die vier Ecken zur Mitte hin zusammenschlagen und fest andrücken. Die Oberfläche mit Milch bepinseln.
Bei 200 - 225 Grad etwa 20 - 25 Minuten backen.

1 Grundrezept Blätterteig (siehe "Back-Kurs") oder 300 g Tiefkühl-Blätterteig (Packungshinweise beachten)
Mehl zum Ausrollen
etwa 500 g leicht angedünstete Aprikosenhälften,
etwas Aprikosenmarmelade.

Cremeschnitten

Den Blätterteig 3 mm dick auf bemehlter Arbeitsfläche ausrollen und in Rechtecke von 10 x 5 cm schneiden. Diese Stücke auf ein mit Wasser abgespültes Backblech legen, mit einer Gabel mehrmals tief einstechen und im vorgeheizten Backofen bei 200 Grad etwa 20 Minuten backen.
Die Hälfte der Rechtecke mit Vanillecreme dick füllen. Die restlichen Schnitten mit Marmelade bestreichen und mit Mandelblättchen bestreuen oder mit einem Guss aus Vollrohrzucker überziehen und auf die Vanillecreme setzen.

1 Grundrezept Blätterteig (siehe "Back-Kurs") oder 1 - 2 Pakete Tiefkühl-Blätterteig (Packungshinweise beachten)
Füllung:
1 Rezept Vanillecreme, siehe "Kuchen- und Tortenfüllungen"

Holländer-Kirschtorte

Mürbteig:
150 g Vollweizenmehl
1 Mssp. Backpulver
50 g Vollrohrzucker
75 g Butter oder Margarine
1 - 2 EL Milch
Blätterteig:
Siehe Grundrezept oder
1 Päckchen Tiefkühl-Blätterteig (Packungshinweise beachten)
Füllung:
1 Glas Sauerkirschen (ca. 600 g)
2 TL Zitronensaft
etwas Rumaroma
1/4 TL Zimt
3 TL Speisestärke
3 EL Johannisbeergelee o.ä.
50 g Vollrohrzucker
3 Becher Schlagsahne (600 g)
1 TL Biobin o.ä.
2 Päckchen Natur-Vanillezucker
50 g Mandelblättchen

Für den Mürbteig alle Zutaten rasch verkneten. Eine Springform (26 cm Ø) leicht ausfetten, mit dem Teig auslegen, mehrmals einstechen und bei 180 Grad in 15 - 20 Minuten hellgelb backen.

Den Blätterteig ausrollen und mit Hilfe des Springformrandes 2 Böden ausstechen. Auf ein kalt abgespültes Backblech legen, mehrfach mit einer Gabel tief einstechen und ca. 15 Minuten ruhen lassen.

Im vorgeheizten Backofen 10 - 15 Minuten bei 200 Grad backen, auskühlen lassen.

Das Gelee erwärmen und auf einen Blätterteigboden streichen. Vollrohrzucker mit wenig Wasser zu einem Guss glatt rühren und das Gelee damit überziehen.

Kirschen gut abtropfen lassen; 200 ml Saft mit Zitronensaft und Zimt aufkochen, mit Speisestärke binden und mit Rumaroma abschmecken. Kirschen zugeben (12 Stück zum Garnieren zurückbehalten) und abkühlen lassen. Sahne mit Biobin o.ä. und Vanillezucker sehr steif schlagen. Den Mürbteigboden mit 1/3 der Schlagsahne bestreichen, Kirschen darauf verteilen, Blätterteigboden auflegen und restliche Sahne darauf verstreichen (etwas Sahne für die Garnitur zurücklassen). Den glasierten Boden in 12 Stücke schneiden, darauflegen. Torte mit Sahne, Kirschen und leicht angerösteten Mandelblättchen garnieren.

Quarkhörnchen

Den Quarkblätterteig etwa 1/2 cm dick ausrollen und Platten in der Größe eines Eßtellers ausschneiden. Die Platten so durchschneiden, dass zunächst Hälften, dann Viertel und schließlich Achtel entstehen. Die so entstandenen Dreiecke auf der breiten Seite mit etwas Marmelade belegen, die Spitzen mit Milch dünn bestreichen und von der Breitseite her aufrollen. Zu Hörnchen formen und auf ein kalt abgespültes Backblech legen.
Im vorgeheizten Backofen bei 200 - 220 Grad etwa 15 - 20 Minuten backen.

1 Grundrezept Quarkblätterteig (siehe "Back-Kurs")

Füllung:
etwas schnittfeste Marmelade

Tarte Tatin

1 Grundrezept Blätterteig (siehe "Back-Kurs")
50 g Butter
50 g Vollrohrzucker

Füllung:
700 g Äpfel
100 g weiche Butter
100 g Vollrohrzucker
100 g Rosinen

Blätterteig ruhen lassen. Währenddessen die Füllung bereiten. Eine runde Auflaufform von ca. 20 cm Durchmesser dick mit Butter ausstreichen und mit 50 g Zucker bestreuen. Rosinen waschen und abtropfen lassen. Äpfel schälen, Kerngehäuse ausstechen, Äpfel in Scheiben schneiden, auf dem Zucker verteilen. Den restlichen Zucker darüberstreuen, die übrige Butter darauf verteilen, ebenso die Rosinen.

Blätterteig auf bemehlter Fläche in Deckelgröße ausrollen. Auf die Apfel-Butter-Zucker-Lage drücken.

Bei 220 Grad ca. 40 Minuten backen. Wenn der Teig goldbraun ist, den Deckel leicht anheben und nachsehen, ob die Äpfel transparent bzw. gar sind.

Eine runde Servierplatte umgekehrt auf die Kuchenform legen, die Form stürzen, so dass nun die Äpfel auf der Oberseite sind. Heiß servieren.

Spiralen

Den Blätterteig etwa 3 mm dick ausrollen, in Streifen von ca. 4 x 10 cm schneiden, in der Mitte zu einem Knoten verschlingen. Mit Milch bestreichen und mit Walnusskrokant (siehe Kuchen- und Tortenglasuren) bestreuen.
Bei 200 Grad etwa 20 Minuten backen.

1 Grundrezept Blätterteig siehe "Back-Kurs") oder
300 g Tiefkühl-Blätterteig (Packungshinweise beachten)
Mehl zum Ausrollen

Hahnenkämme

Den Blätterteig etwa 3 mm dick ausrollen, Rechtecke von ca. 10 x 6 cm ausschneiden, in die Mitte eine sehr feste Marmelade geben. Teigstücke längs zusammenschlagen, die Ränder fest andrücken. Nun mit einem scharfen Messer mehrmals quer einschneiden, halbrund auseinanderziehen und bei 200 Grad etwa 20 - 25 Minuten backen.

Weitere Möglichkeiten siehe unter Plunderteig.

Plunderteig

Back-Kurs für Plunderteig

Grundrezept Plunderteig

300 g Vollweizenmehl
30 g Vollrohrzucker
20 g Hefe
1 Prise Salz
120 ml lauwarme Milch
30 g zerlassene Butter

Außerdem:
180 g kalte Butter
50 g Vollweizenmehl

1. 50 g Mehl mit 180 g in Stücke geschnittene Butter rasch verkneten, zwischen Pergamentpapier zu einer fingerdicken Platte ausrollen und mit Papier in den Kühlschrank legen.
2. Mehl in eine Schüssel geben, in die Mitte eine Vertiefung drücken, Hefe hineinbröseln und mit 1 TL Zucker, etwas Milch und Mehl vom Rand der Schüssel zu einem Vorteig verrühren. Mit einem Tuch bedecken und an einem warmen Ort so lange gehen lassen, bis er sich verdoppelt hat. Danach den Vorteig mit dem restlichen Mehl und den übrigen Zutaten verrühren und den Teig so lange schlagen bzw. kneten, bis er Blasen wirft und sich vom Schüsselrand löst. Mit etwas Mehl bestäuben und gehen lassen. Danach für ca. 1/2 Stunde im Kühlschrank leicht kühlen.
3. Anschliessend auf bemehlter Unterlage zum Rechteck ausrollen. Die Butter auf eine Teighälfte legen (Papier vorher abziehen!), die zweite Hälfte darüber klappen und den Butterteig mit dem Nudelholz leicht andrücken. Den Teig wieder für 30 Minuten kühlen.
4. Nun den Teig mit gleichmässigem Druck zu einem Rechteck ausrollen, ein Drittel des Teiges von der Schmalseite zur Mitte umschlagen, leicht andrücken, das andere Drittel so darüber klappen, dass alle Teigränder aufeinander liegen, also drei Teigschichten. Wieder 20 - 30 Minuten kalt stellen.
5. Teig erneut nach den beiden offenen Seiten ausrollen und wieder dreifach zusammenfalten. Wieder 20 - 30 Minuten im Kühlschrank ruhen lassen.

6. Diesen Vorgang insgesamt 2 - 3 mal wiederholen.
7. Teig nach dem letzten Kühlen auf bemehlter Arbeitsfläche in allen Richtungen etwa 1/2 cm dick ausrollen und die gewünschten Stücke ausschneiden und formen, dann auf ein gefettetes Backblech legen.
8. Im vorgeheizten Backofen bei 200 - 225 Grad auf der mittleren Schiene backen.

Plunderteig eignet sich vor allem zur Herstellung von Taschen, Schnecken, Schleifen, Windmühlen, Spiralen, Hörnchen und Obstkuchen. Er schmeckt frisch am besten!

Plunderteilchen

1 Rezept Plunderteig (siehe "Back-Kurs")

Apfeltaschen

Den ausgewellten Teig in Quadrate, ca. 10 x 10 cm, ausradeln. In die Mitte jeweils etwas Apfelkompott oder geriebenen Apfel geben, alle vier Ecken zur Mitte zusammenschlagen und fest andrücken. Mit Milch bestreichen.

Oder: Runde Plätzchen (8 cm Ø) ausstechen, auf eine Hälfte die Füllung legen, die andere darüber klappen und fest andrücken.

Bärentatzen

Rechtecke von 10 x 6 cm ausschneiden, in die Mitte einen Kleks feste Marmelade setzen, doppelt zusammenschlagen, mehrfach von einer Seite einschneiden, etwas auseinanderziehen und halbrund legen.

Noch heiß mit Honig bepinseln.

Walnuss-Spiralen

Rechtecke von 10 x 6 cm ausschneiden. Die beiden Teigenden auf jeder Seite etwa 3 cm einschneiden und zu einem Knoten miteinander verschlingen. Mit Milch bestreichen und sofort backen. Noch heiß mit Honig oder flüssiger Aprikosenmarmelade bestreichen und mit gehackten Walnüssen bestreuen.

Plundernusskipfel

1 Rezept Plunderteig
(siehe "Back-Kurs")

Füllung:
50 g Vollrohrzucker oder Honig
150 g geröstete geriebene Haselnüsse
50 g Semmelbrösel
1 TL Zimt
ca. 100 ml Wasser

Alle Zutaten für die Füllung zu einer streichfähigen Masse verrühren.
Den Teig auf bemehlter Arbeitsfläche bleistiftdick zu einem Viereck ausrollen, daraus Dreiecke schneiden. Auf die breite Seite ein Häufchen Nussfüllung setzen, die Ränder mit Milch bestreichen, zur Spitze hin aufrollen, zu Kipfeln formen und auf ein gefettetes Backblech setzen. Nochmals mit Milch bepinseln. Im vorgeheizten Backofen bei 200 Grad ca. 15 - 20 Minuten backen.
Man kann die Kipfeln auch mit Pflaumenmus oder einer festen Marmelade füllen.

PLUNDERTEIG

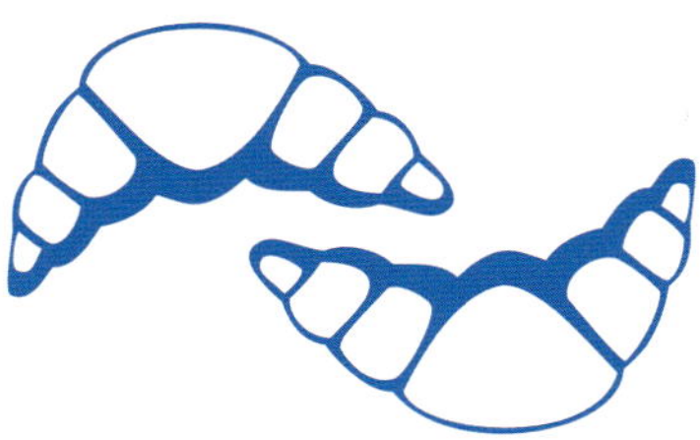

Plunder-Schnecken

Füllung:
100 g ger. Hasel- oder Walnüsse
50 g Vollrohrzucker
etwas Zimt
1 Päckchen Vanillezucker

Den Teig zu einem Rechteck ausrollen, mit zerlassener Butter bestreichen, mit geriebenen Nüssen, Zimt, Zucker und Vanillezucker bestreuen und von der Schmalseite her aufrollen. Fingerbreite Scheiben abschneiden und mit der flachen Seite auf ein gefettetes Backblech legen. Schnecken 20 Minuten gehen lassen. Mit Milch bestreichen und erst dann bei 200 Grad etwa 25 Minuten backen.
(Siehe Abbildung links)

Plunderhörnchen

500 g Vollweizenmehl oder Dinkelvollkornmehl
40 g Hefe
50 g Vollrohrzucker
175 g weiche Butter
1/4 l Milch
1 Prise Salz
Füllung:
siehe Plundernusskipfel

Das Mehl auf die Arbeitsfläche sieben, die Hefe trocken hineinbröseln, Zucker, Salz, Milch und 25 g weiche Butter dazugeben und alles schnell zu einem festen Teig verkneten. Ohne ihn gehen zu lassen auf bemehlter Unterlage ausrollen. Die restliche weiche Butter in 3 bis 4 Teile teilen und den Teig mit einem Teil davon bestreichen. Danach den Teig so zusammenschlagen, wie im Backkurs "Plunderteig" beschrieben. Diesen Vorgang so lange wiederholen, bis die Butter verbraucht ist (3 - 4 Touren). Evtl. zwischen den Touren kurz kühlen. Der Teig darf nicht aufgehen! Danach zu einem Rechteck ausrollen und weiter verfahren wie bei Plundernusskipfel.Sofort im vorgeheizten Backofen bei 200 - 225 Grad etwa 15 - 20 Minuten backen.

Wiener Maultaschen

125 g Vollweizenmehl
2 EL Vollrohrzucker
1 EL Zitronensaft
1 EL Sojamehl, angerührt mit etwas Milch
1 Prise Salz
etwas Milch

Außerdem:
125 g Vollweizenmehl
180 g Butter

Füllung:
50 g Butter zum Bestreichen
150 g gehackte Walnüsse
100 g Rosinen (gewaschen und abgetropft)
1 Päckchen Vanillezucker

PLUNDERTEIG

125 g Mehl und 180 g Butter zu einem Teig verkneten, zu einem Rechteck formen, zwischen Pergamentpapier legen und ca. 30 Minuten kühlen.

Aus den übrigen Teigzutaten einen festen Teig kneten und zu einem Rechteck ausrollen. Darauf den Butterteig legen, die schmalen Enden des ersten Teiges darüber klappen, so dass der Teig nunmehr dreifach übereinander liegt. (Siehe Backkurs "Plunderteig".) Weiter verfahren wie im Backkurs beschrieben.

Nach dem letzten Kühlen den Teig zu einem Rechteck ca. 1/2 cm dick ausrollen, mit der zerlassenen Butter bestreichen, mit Walnüssen, Rosinen und Vanillezucker bestreuen und zu einer Rolle formen. Davon ca. 4 cm breite Stücke abschneiden, auf ein gefettetes Backblech legen, mit Milch bestreichen und im vorgeheizten Backofen bei 200 Grad etwa 15 - 20 Minuten backen.

Noch warm mit Honig bepinseln und mit geriebenen Nüssen bestreuen.

Kleingebäck

Florentiner

250 g grob geriebene Mandeln oder Nüsse
20 kandierte Kirschen
75 g gewürfeltes Orangeat
25 g gewürfeltes Zitronat
100 g Rosinen oder getrocknete Aprikosen (in kl. Würfel geschnitten)
100 g Vollrohrzucker
100 g Butter oder Margarine
3 EL süsse Sahne (oder Milch)
2 EL Honig
ca. 50 g Vollweizenmehl
etwas Öl

Kirschen in Scheiben schneiden, mit den grob gehackten Mandeln, Orangeat, Zitronat, Rosinen oder Aprikosen vermischen. Butter und Zucker in einem Topf zergehen lassen. Honig zugeben und langsam zum Kochen bringen. Mandeln bzw. Nüsse und Mehl hinzufügen, Masse unter Rühren ca. 2 Minuten kochen lassen. Sahne und Früchte hinzugeben. Je ein Teelöffel von dieser Nussmasse in Abständen auf ein geöltes, bemehltes Backblech geben.

Im vorgeheizten Backofen bei 180 - 190 Grad ca. 10 - 15 Minuten backen. Danach Florentiner sofort mit einem in Öl getauchten Ausstecher (Ø 5 cm) rund formen. Auf einem Gitter erkalten lassen.

Josefa-Plätzchen

200 g weiche Butter
85 g Vollrohrzucker
1 Prise Salz
240 g Vollweizenmehl
Mehl zum Ausrollen
30 g ungeschälte Mandeln

Butter schaumig rühren. Zucker und Salz dazugeben. Gut miteinander verrühren. Mehl einarbeiten. Zugedeckt 90 Minuten im Kühlschrank stehen lassen.
Teig auf bemehlter Arbeitsfläche 3 mm dick ausrollen und schräge Karos (Rhomben) ausradeln.
Auf ein leicht gefettetes Blech legen. Mit halbierten Mandeln garnieren. Plätzchen im vorgeheizten Backofen bei 175 Grad auf mittlerer Schiene 8 - 10 Minuten backen.

Kissinger Plätzchen

200 g Walnusskerne
150 g Butter
75 g Vollrohrzucker
275 g Vollweizenmehl
2 gestrichene TL Backpulver
1 TL Zimt
1/2 Glas Aprikosenmarmelade
ca. 3 - 4 EL Milch

Nüsse (ca. 40 Hälften zum Garnieren zurücklassen) fein reiben. Fett mit Zucker schaumig rühren. Mehl, Backpulver, Zimt und Nüsse unterkneten evtl. Milch zufügen falls der Teig zu fest ist. Den Teig ca. 2 Stunden kalt stellen, dann ausrollen, Plätzchen ausstechen, auf ein gefettetes Backblech legen und im vorgeheizten Backofen bei 175 Grad ca. 15 Minuten backen.
Erkaltet je 2 Plätzchen mit erwärmter Marmelade zusammensetzen, mit Nusshälften garnieren.

Mürbe Plätzchen

275 g Butter
200 g Honig
375 g Vollweizenmehl
2 EL Sojamehl
1 Prise Salz
1/4 TL Vanille-Pulver

Die Butter zerlassen, anbräunen und kalt stellen. Danach schaumig rühren, nach und nach den Honig, Salz und Vanillepulver dazugeben, zuletzt 2/3 des Mehls. Den Rest des Mehls mit dem Teigbrei zu einem glatten Teig verkneten. Etwa 3 cm dicke Teigrollen formen und so lange kalt stellen, bis sie fest geworden sind. Nun 1/2 cm dicke Scheiben abschneiden, auf ein mit Backpapier belegtes Backblech legen und im vorgeheizten Backofen bei 175 Grad etwa 10 - 15 Minuten hellgelb backen.

Zitronen-Plätzchen

250 g Vollweizenmehl
130 g Vollrohrzucker
oder 100 g Honig
150 g Butter
50 g geriebene Mandeln
2 EL Zitronensaft
Schale einer unbehandelten Zitrone
etwas säuerliche Marmelade

Alle Zutaten rasch zu einem glatten Teig verarbeiten und 1 Stunde kalt stellen. Danach etwa 3 mm dünn ausrollen und runde Plätzchen ausstechen. Auf ein gefettetes Backblech legen und bei 170 Grad 10 - 15 Minuten hell backen.
Abkühlen lassen und mit Marmelade zusammensetzen.

(Siehe Abbildung rechts)

Zimthörnchen

250 g Vollweizenmehl
125 g fein gemahlene Haselnüsse
2 TL Zimt
150 g Butter oder Margarine
125 g Honig

Zum Garnieren:
5 geh. EL Sesamsamen
1 EL flüssiger Honig

Alle Teigzutaten rasch und gut miteinander verkneten und den Teig ca. 1 Stunde im Kühlschrank ruhen lassen. Danach den Teig zu 1 cm dicken Rollen formen und in 1 1/2 cm breite Stücke schneiden. Diese zu Hörnchen formen. Danach die Hörnchen mit Honig bepinseln und in Sesam drücken.
Auf ein mit Backpapier belegtes Backblech setzen und bei 200 Grad ca. 10 Minuten backen.

Zimtherzen

125 g Vollrohrzucker
150 g Butter
1 TL Zimt
1 TL Kakao oder Carobpulver
1 Msp. gem. Piment
250 g Vollweizenmehl

Zucker und Butter schaumig rühren. Zimt, Kakao und Piment untermischen. Mehl darauf sieben und alles schnell zu einem glatten Teig verkneten. 1 Stunde kalt stellen. Teig etwa 3 mm dick ausrollen und Herzen ausstechen.
Bei 170 Grad etwa 10 Minuten backen.

(Siehe Abbildung rechts)

Hefekringel

500 g Vollweizenmehl
1 Würfel Hefe
1 EL Vollrohrzucker
2 EL Sojamehl
ca. 100 ml Milch
1 Prise Salz
180 g Butter oder Margarine
etwas flüssigen Honig

Hefe und Zucker verrühren, bis die Hefe flüssig ist. An einem warmen Platz gehen lassen. Mehl, Sojamehl und Salz in eine Schüssel geben.
Fett in der Milch erwärmen, unter das Mehl rühren. Zum Schluss die Hefe dazugiessen, mit einem Holzlöffel gut abschlagen, bis der Teig Blasen wirft. Von dem Teig kleine Stücke abnehmen. Zu Stäbchen rollen, zu Kringeln formen und auf ein gefettetes Backblech legen. 30 Minuten gehen lassen.
Bei 180 - 200 Grad ca. 15 - 20 Minuten auf der mittleren Schiene backen. Noch warm mit Honig bepinseln.

***Variante:* Die Teigstäbchen zu Brezeln formen.**

Nusstaler

125 g geröstete, gemahlene Haselnüsse
250 g Vollweizenmehl
1 gestrichener TL Backpulver
100 g Speisestärke
100 g Vollrohrzucker
1 Msp. Vanille
1 Prise Salz
250 g Butter
Kakaopulver zum Einwickeln

Alle Zutaten schnell zu einem glatten Teig verkneten, vier Rollen formen (Ø ca. 3 cm), mit Milch bestreichen und in Kakao wenden. Die Rollen 1 - 2 Stunden im Kühlschrank stehen lassen. Danach in 1/2 cm dicke Scheiben schneiden und im vorgeheizten Backofen bei 200 Grad etwa 10 Minuten backen.

Mandelstangen

Mehl, Zucker, die in Stücke geschnittene Butter, die ganzen Mandeln und Zimt auf ein Backbrett geben und rasch zu einem glatten Teig verkneten. Einige Zeit kalt stellen. Den Teig ausrollen, in Streifen von ca. 1 1/2 x 4 cm ausrädeln, mit Milch bestreichen und mit Mandeln bestreuen. Auf ein gefettetes Backblech legen und bei 200 Grad hellgelb backen.

125 g Butter
100 g Vollrohrzucker
125 g ganze geschälte Mandeln
250 g Vollweizenmehl
1 TL Zimt

Zum Bestreuen:
15 g abgezogene, gem. Mandeln

Schneesterne

Butter, Zucker, geriebene Haselnüsse, das mit Backpulver vermischte Mehl, Zimt und Salz zu einem glatten Teig verkneten. Einige Zeit kalt stellen. Dünn ausrollen, Sterne ausstechen und bei 200 Grad hellgelb backen.
Anschließend mit flüssiger Aprikosenmarmelade bestreichen und in Kokosflocken drücken.

125 g Butter
125 g Vollrohrzucker
125 g geriebene Haselnüsse
200 g Vollweizenmehl
etwas Zimt
1 Prise Salz
1 Msp. Backpulver
ca. 50 g Kokosflocken
Aprikosenmarmelade

Klosterkipferl

Alle Zutaten rasch zu einem glatten Teig verkneten und etwa 20 Minuten kalt stellen. Danach zu einer Rolle formen, kleine Stücke abschneiden und Kipferl da-raus formen. Auf einem gefetteten Backblech bei 180 - 200 Grad ca. 15 Minuten backen.
Nach dem Abkühlen mit Schokoladenglasur bestreichen.
(Siehe z.B. Abbildung links)

140 g Vollweizenmehl
100 g Butter
100 g geriebene Haselnüsse
30 g Vollrohrzucker
50 g geriebene Schokolade
1 Päckchen Vanillezucker
Schokoladenglasur

Mandel-Gewürz-Spekulatius

Alle Zutaten zu einem festen, glatten Teig verkneten und über Nacht ruhen lassen. Auf bemehlter Unterlage 1/2 cm dick ausrollen. Beliebige Formen ausstechen, mit einer halben abgezogenen Mandel belegen und bei 200 - 225 Grad auf mittlerer Schiene ca. 10 - 15 Minuten backen.
In einer verschlossenen Dose können die Plätzchen lange aufbewahrt werden.

500 g Vollweizenmehl
1 TL Backpulver
200 g Melasse
100 g Honig
2 EL Sojamehl
etwas kalte Milch
200 g Margarine
150 g gemahlene Mandeln
1 TL Zimt
1 Prise Muskatnuss
2 Msp. gemahlene Nelken
1/2 TL Vanille
halbierte, abgezogene Mandeln zum Verzieren

Schokoherzen

250 g Vollweizenmehl
70 g Vollrohrzucker
100 g ger. Mandeln
200 g Butter
Marmelade zum Zusammensetzen

Alle Zutaten rasch verkneten, etwas kalt stellen. Auf bemehlter Unterlage dünn ausrollen, Herzen ausstechen und auf ein gefettetes Backblech legen.
Im vorgeheizten Backofen bei 180 Grad etwa 10 Minuten backen.
Nach dem Abkühlen je zwei Herzen mit Marmelade zusammensetzen und mit einer Schokoladenglasur überziehen.

Ingwerhörnchen

150 g Vollweizenmehl
50 g gem. Mandeln
75 g Vollrohrzucker
1 Prise Salz
1/2 TL gem. Ingwer
100 g Butter
1 EL Milch

Außerdem:
3 Päckchen Vanillezucker
1/2 TL gem. Ingwer

Alle Teigzutaten rasch verkneten und 1 Stunde kalt stellen. Teig zu einer Rolle formen, kleine Stücke abschneiden, zu Hörnchen formen und auf ein gefettetes Backblech legen.
Bei 180 Grad etwa 15 Minuten goldgelb backen.
Vanillezucker mit Ingwer mischen und die noch heißen Hörnchen vorsichtig darin wälzen.

Schokoladengutserln

Butter zerlaufen lassen und mit den anderen Zutaten zu einem glatten Teig verarbeiten. Daraus einige Rollen formen und kühl stellen.
Anschliessend die Rollen in 1/2 cm dicke Scheiben schneiden, auf ein mit Backpapier belegtes Backblech legen, mit Milch bestreichen und mit Kokosflocken bestreuen.
Bei 200 Grad etwa 8 - 10 Minuten backen.

140 g Butter
50 g Vollrohrzucker
2 TL Vanillepulver
3 TL Kakao
200 g Vollweizenmehl
1 EL Sojamehl

Zum Bestreuen:
einige EL Kokosraspeln

Hildaplätzchen

Aus den Teigzutaten einen glatten Teig herstellen und ca. 1 Stunde kalt stellen. Auf bemehlter Unterlage ca. 3 mm dick ausrollen, runde Formen ausstechen. Die Hälfte davon mit Milch bestreichen und in die gehackten Mandeln drücken.
Auf ein gefettetes Backblech legen und bei 175 Grad etwa 12 Minuten hellgelb backen. Noch heiß mit Marmelade bestreichen und zusammensetzen.

300 g Vollweizenmehl
200 g Butter oder Margarine
125 g Honig
5 EL Milch

Zum Bestreuen:
3 EL Milch
ca. 30 g gehackte Mandeln
etwas säuerliche Marmelade

Butterkekse

300 g Weizenmehl Type 550
200 g Butter
100 g Puderzucker
1 Msp. Vanillepulver
abgeriebene Schale einer unbehandelten Zitrone

Alle Zutaten rasch verkneten und 1 Stunde kalt stellen. Auf bemehlter Unterlage dünn ausrollen, Formen ausstechen und bei 200 Grad ca. 12 - 15 Minuten hell backen.

Sahnebrezeln

500 g Vollweizenmehl
2 gestr. TL Backpulver
1 Päckchen Vanillezucker
2 EL saure Sahne
1 Prise Salz
350 g Butter
70 g Vollrohrzucker oder 3 EL Honig

Mehl, Backpulver, Zucker, Vanillezucker, Salz und saure Sahne zu einem Brei verrühren. Butter in Flöckchen darauf verteilen und rasch zu einem glatten Teig verkneten. Evtl. kühl stellen. Den Teig etwa 1/2 cm dick ausrollen und Streifen von 25 cm Länge und 1 1/2 cm Breite schneiden. Diese Streifen drehen und zu Brezeln formen. Auf ein gefettetes Backblech legen und im vorgeheizten Backofen bei 200 Grad 15 - 20 Minuten backen.

Man kann die Brezeln auch vor dem Backen mit Milch bestreichen und mit Sesam bestreuen.

Schokoladenstangen

150 g Vollweizenmehl
75 g Vollrohrzucker
1 Prise Salz
1 Päckchen Schokoladen-Puddingpulver
2 gestr. EL Kakao
1 gestr. TL Backpulver
125 g Butter oder Margarine

Guss:
Schokoladenguss
(siehe Kuchen- und Tortenglasuren)

Butter schaumig rühren, Zucker, Salz und Kakao hinzufügen. Mehl mit Backpulver und Puddingpulver mischen und einen Teil darunterrühren. Das restliche Mehl darunter verkneten. Den Teig zu einer flachen Stange formen (4 cm breit, 1 cm hoch) und 2 - 3 Stunden kalt stellen.
Dann die Stange in Streifen schneiden und auf einem gefetteten Backblech bei 200 Grad etwa 10 Minuten backen.
Nach dem Erkalten diagonal mit Schokoladenguss bestreichen.

Terrassen

350 g Vollweizenmehl
150 g Vollrohrzucker
1 Päckchen Vanillezucker
125 g gem. Mandeln
250 g Butter oder Margarine

Füllung:
100 g Johannisbeergelee

Alle Zutaten rasch zu einem geschmeidigen Teig verkneten und zugedeckt mindestens 1 Stunde kühl stellen.
Den Teig 3 - 4 mm dick ausrollen und verschieden große runde Plätzchen ausstechen (von jeder Größe gleich viele). Bei 180 Grad etwa 10 - 12 Minuten backen.
Etwas abkühlen lassen. Die noch warmen Plätzchen mit dem flüssig gerührten Johannisbeergelee terrassenförmig zusammensetzen.

Holländische Walnusskekse

200 g Butter
120 g Vollrohrzucker
1 Prise Salz
etwas Rumaroma
100 g ger. Walnüsse
250 g Vollweizenmehl
Füllung:
etwas säuerliche Marmelade

Butter mit Zucker schaumig rühren, Salz und Aroma zufügen. Walnüsse und einen Teil des Mehls nach und nach darunterrühren. Mit dem Rest des Mehls einen geschmeidigen Teig kneten, 1 - 2 Stunden kalt stellen.
Auf bemehlter Arbeitsfläche den Teig 3 - 4 mm dick ausrollen, runde Formen ausstechen und auf einem gefetteten Backblech bei 180 - 200 Grad etwa 10 - 15 Minuten backen.
Jeweils zwei Plätzchen mit Marmelade zusammensetzen, evtl. mit einer Rumglasur (siehe Kuchen- und Tortenglasuren) bestreichen und mit einer halben Walnuss verzieren.

Spitzbuben

350 g Vollweizenmehl
250 g Butter
180 g Vollrohrzucker
125 g ger. Haselnüsse
Füllung:
etwas Marmelade

Alle Zutaten auf dem Brett rasch zu einem glatten mürben Teig verarbeiten und 1/2 Stunde kalt stellen. Danach 3 - 4 mm dick ausrollen, mit gezackten, verschieden großen runden Förmchen Scheiben ausstechen und auf einem leicht gefetteten Backblech bei 180 Grad etwas 10 - 12 Minuten backen.
Etwas abkühlen lassen. Jeweils mehrere verschiedene große Plätzchen mit Marmelade zusammensetzen.
Nach Wunsch kann man auch nur Scheiben in einer Größe backen und diese mit Marmelade zusammensetzen.

Kartoffelmarzipan-Plätzchen

Aus den Teigzutaten einen glatten Teig herstellen und zugedeckt im Kühlschrank ca. 1 Stunde ruhen lassen. Inzwischen die Zutaten für die Füllung, außer der Marmelade, sorgfältig und kräftig mit dem Pürierstab verrühren. Den Plätzchenteig etwa 2 mm dick ausrollen und dünn mit Marmelade bestreichen. Auf eine Hälfte die Füllung verteilen, die zweite Teighälfte darüber klappen. Leicht andrücken. Mit dem Teigrädchen kleine Vierecke, Rhomben o.ä. ausradeln, auf ein mit Backpapier belegtes Backblech legen und bei 190 - 200 Grad ca. 15 Minuten backen.

300 g Vollweizenmehl
160 g Butter oder Margarine
100 g geriebene Walnüsse
1 EL Sojamehl
50 g Vollrohrzucker
ca. 8 EL Wasser
1 Msp. Backpulver

Füllung:
ca. 6 EL Aprikosenmarmelade
500 g gekochte, geriebene Kartoffeln
100 g Vollrohrzucker
80 g Honig
75 g geriebene Mandeln
ca. 10 Tropfen Bittermandelöl

Vanille-Hörnchen

Alle Zutaten rasch verkneten und etwa 30 Minuten kalt stellen. Teig zu daumendicken Rollen formen, etwa 2 cm lange Stückchen abschneiden, zu Hörnchen formen und auf ein gefettetes Backblech legen.
Bei 180 Grad etwa 15 - 20 Minuten hellgelb backen. Puderzucker mit Vanillepulver mischen und die noch heißen Hörnchen damit bestäuben.

175 g Butter
75 g Puderzucker
75 g ger. Mandeln
200 g Weizenmehl Type 550
etwas Vanillepulver
Zum Bestreuen:
ca. 100 g feinen Vollzucker
1/4 TL Vanillepulver

Karlsbader Ringe

150 g Vollweizenmehl
150 g Butter
100 g Vollrohrzucker
100 g geschälte, ger. Mandeln
1 TL Zitronensaft
abgeriebene Schale einer unbehandelten Zitrone

Füllung:
etwas Marmelade

Alle Zutaten rasch zu einem glatten Teig verarbeiten und 1/2 Stunde kalt stellen. Danach 3 - 4 mm dick ausrollen, entweder nur Ringe oder zur Hälfte Ringe und in der gleichen Größe gleichviele runde Plätzchen ausstechen.

Bei 180 - 200 Grad etwa 10 - 12 Minuten hell backen.

Entweder zwei Ringe oder ein Plätzchen und einen Ring mit Marmelade zusammensetzen.

Ingwerkugeln

30 g frische Ingwerwurzel
125 g Honig
60 g Vollrohrzucker
75 g Butter oder Margarine
250 g Vollweizenmehl
ca. 50 g kandierter Ingwer

Den Ingwer schälen und ganz fein reiben. In einem kleinen Topf Honig, Zucker und Butter bzw. Margarine erhitzen. So lange rühren, bis sich der Zucker vollständig aufgelöst hat. Abkühlen lassen.

Mehl und Ingwer in eine Schüssel geben und die abgekühlte Honigmasse darunter rühren. Gut durchkneten. Aus dem Teig haselnussgroße Kugeln formen, die Kugeln mit 3 cm Abstand auf ein leicht gefettetes Blech setzen. Den kandierten Ingwer in Streifchen oder Rauten schneiden und die Kugeln damit verzieren.

Im vorgeheizten Backofen bei 180 Grad auf der zweiten Schiene von unten etwa 15 Minuten hellbraun backen. Vorsichtig vom Blech lösen und auskühlen lassen.

Knuspermonde

Mehl auf eine Arbeitsfläche sieben, Fett in Flöckchen zufügen und mit Crème fraîche, Zitronenschale und Salz verkneten. Den Teig 1 Stunde kalt stellen. Dann 1 cm dick auswellen, aus der Teigplatte Monde ausstechen und auf ein mit Backpapier belegtes Backblech setzen. Im vorgeheizten Backofen bei 190 Grad ca. 15 Minuten backen. Noch warm mit flüssigem Honig bestreichen.

300 g Vollweizenmehl
200 g kalte Butter oder Margarine
60 g Crème fraîche
abgeriebene Schale einer unbehandelten Zitrone
1 Prise Salz
etwas flüssiger Honig

Griechische Weihnachtsplätzchen

Teig:
3 EL Öl
35 g Butter oder Margarine
40 g Vollrohrzucker
abgeriebene Schale einer unbehandelten Orange
1/2 TL Zimt
125 g Vollweizenmehl
3 - 4 EL Milch

Zum Tränken:
1 EL Honig
1 EL Wasser

Zum Bestreuen:
2 EL gemahlene Haselnüsse
1/4 TL Zimt

Öl, Butter bzw. Margarine, Zucker, Orangenschale, Zimt und das Mehl bis auf 1 EL und ca. 2 - 3 EL Milch zu einem glatten Teig verarbeiten. 3 lange Rollen daraus formen und kleine Stücke von ca. 3 cm Länge davon abschneiden. Noch etwas in Form drücken. Mit der Milch bepinseln und mit dem restlichen Mehl bestäuben. Auf ein gefettetes Blech legen und bei 125 Grad ca. 45 Minuten backen.
Inzwischen aus Honig und Wasser eine Lösung kochen. (Evtl. abschäumen). Die gebackenen Makronen noch warm darin eintauchen. Danach mit der Mischung aus Haselnüssen und Zimt bestreuen. Auf einem Kuchengitter abtropfen lassen.

Haferflockenplätzchen

100 g Haferflocken
200 g gem. Pekannüsse
1 Msp. Backpulver
150 g Butter oder Margarine
100 g Honig
1 EL Sauerrahm
75 g ganze Pekannüsse

Die Haferflocken in einer trockenen Pfanne hellbraun rösten. Etwas abkühlen lassen und Pekannüsse mit Backpulver vermischt zufügen. Fett, Honig und Sauerrahm schaumig rühren. Die Haferflockenmischung dazugeben und unterrühren. Auf ein leicht gefettetes Backblech mit zwei Teelöffeln kleine Häufchen setzen. Die Häufchen jeweils mit einer ganzen Pekannuss verzieren.
Im vorgeheizten Ofen bei 190 Grad auf Mittelschiene etwa 10 Minuten backen.

Haferflocken-Makronen

150 g feine Haferflocken
80 g Vollrohrzucker
2 TL Honig
30 g Margarine
Saft einer unbehandelten Zitrone
30 g feingeriebene Mandeln
1/2 Päckchen Backpulver
2 - 3 Tropfen Bittermandelöl
50 gVollweizenmehl

Margarine mit Zucker und Honig schaumig rühren, die übrigen Zutaten hineingeben und alles zusammen gut durcharbeiten. Mit einem Löffel walnussgroße Häufchen auf ein gefettetes Backblech setzen, etwas flach drücken und bei 160 - 175 Grad in etwa 15 - 20 Minuten goldbraun backen.
Es empfiehlt sich, eine Makrone probeweise zu backen. Wenn sie breit läuft, dann noch etwas Mehl zugeben.

Kokosmakronen

Die lauwarme Milch mit Honig verschlagen, Kokosraspeln und die anderen Zutaten langsam hinzufügen. Die Masse sollte formbar sein. Die Oblaten auf ein Backblech legen, mit zwei Teelöffeln kleine Häufchen darauf setzen und bei 200 Grad ca. 10 Minuten goldgelb backen.

Noch warm mit flüssigem Honig bestreichen. Möglichst bald verzehren.

1/2 Tasse lauwarme Milch
1/2 Tasse flüssigen Honig
2 Tassen Kokosraspeln
1 TL Vanillezucker
1 Tasse geriebene Haselnüsse
1 Msp. Zimt
1/2 TL Backpulver
kleine runde Backoblaten

Honig-Leckerli

250 g Mandelblättchen
300 g Honig
175 g Vollrohrzucker
50 g Orangeat
100 g Zitronat
1 Päckchen Lebkuchengewürz
400 g Vollweizenmehl
abgeriebene Schale einer unbehandelten Zitrone
2 TL Backpulver

Glasur:
3 EL flüssigen Honig
halbierte Mandeln

Honig und Zucker erhitzen, aber nicht kochen. Die Mandelblättchen zufügen und kurz ziehen lassen. Das in feine Würfel geschnittene Orangeat und Zitronat dazugeben und nochmals erwärmen. Danach die Masse abkühlen lassen.

Das mit Backpulver vermischte Mehl sowie die Gewürze untermischen und den Teig gut durchkneten. Auf einem gefetteten Backblech ausrollen, mit Honig bestreichen und im vorgeheizten Backofen bei 180 - 200 Grad etwa 35 - 40 Minuten backen.

Leckerli noch heiß in Streifen schneiden und mit Mandeln garnieren.

Nürnberger Lebkuchen

200 g Zuckerrübensirup
150 g Honig
75 g Butter
200 g Mandeln
500 g Vollweizenmehl Type 1700
Saft und Schale einer unbehandelten Zitrone
1 EL Zimt
1 Msp. gem. Nelken
1 Msp. Kardamom
1 Msp. Vanillepulver
1 Prise Salz
1 gehäufter TL Pottasche
etwa 80 ml Milch

Sirup, Honig und Butter zusammen unter Rühren erhitzen, bis alles zu einer glatten Masse verschmolzen ist. Abkühlen lassen. Mandeln heiß brühen, abziehen, 150 g davon fein mahlen, den Rest zum Garnieren beiseite stellen. Mehl und Gewürze in eine Schüssel geben. Gemahlene Mandeln, Honigmasse und die in etwas Milch gelöste Pottasche hinzufügen. Alle Zutaten verkneten und 2 Stunden bei Zimmertemperatur ruhen lassen. Falls der Teig zu weich ist, noch etwas Mehl unterkneten.

Den Teig 1/2 cm dick ausrollen, Rechtecke oder runde Lebkuchen ausstechen und auf ein mit Backpapier belegtes Blech legen. Mit Milch bestreichen und mit den halbierten Mandeln verzieren.

Im vorgeheizten Backofen bei 190 Grad etwa 15 Minuten backen.

Runde Pfefferkuchen

225 g Rübensirup
100 g Vollrohrzucker
1 TL Zimt
1 Msp. Nelkenpulver
abgeriebene Schale einer unbehandelten Zitrone und Orange
250 g Roggenmehl
175 g Vollweizenmehl
3 gestr. TL Backpulver
4 - 5 EL Milch
1 EL Sojamehl
je 30 g feinst gehacktes Zitronat und Orangeat

Füllung:
etwas Orangenmarmelade o.ä.

Guss:
Schokoladenglasur
gehackte Mandeln

Sirup und Zucker erhitzen, die Gewürze zugeben und abkühlen lassen. Roggen- und Weizenmehl in eine Schüssel sieben, Backpulver und Sojamehl daruntermischen. Alle übrigen Zutaten dazugeben und zu einem glatten Teig verkneten. Auf bemehlter Fläche etwa 5 mm dick ausrollen und runde Plätzchen (Ø ca. 5 cm) ausstechen. Die eine Hälfte mit Marmelade bestreichen, die zweite Hälfte Plätzchen darauf legen und die Ränder leicht andrücken.
Auf ein gefettetes Backblech legen und bei 180 - 190 Grad etwa 15 - 20 Minuten backen.
Nach dem Abkühlen mit einer Schokoladenglasur bestreichen und mit den gehackten Mandeln verzieren.

Pfeffernüsse

Die Butter schmelzen und mit dem Zuckerrübensirup und Honig verrühren. Dann die Sahne und die Gewürze zugeben. 150 g Mandeln ungeschält reiben, Zitronat und Orangeat würfeln, untermengen. Die Pottasche in der Milch lösen, zugeben und zuletzt das Mehl unterkneten. Den Teig etwa 8 Stunden zugedeckt kühl stellen. Die restlichen Mandeln brühen und schälen. Den Backofen auf 180 Grad vorheizen. Gleichgrosse Kugeln formen, auf ein mit Backpapier belegtes Blech legen. Auf Abstand achten, da die Nüsse etwas auseinanderlaufen. Auf jede Kugel eine geschälte Mandel drücken. Etwa 15 - 20 Minuten backen.

200 g Butter
250 g Zuckerrübensirup
250 g flüssiger Honig
200 g süsse Sahne
1/2 TL gem. Zimt
1/4 TL gem. Nelken
1/4 TL gem. Pfeffer
200 g Mandeln
je 75 g Zitronat und Orangeat in Stücken
2 TL Pottasche
500 g Vollweizenmehl (Type 1700)
2 EL Milch

Mandel-Honig-Schnitten

300 g Vollweizenmehl
2 gestr. TL Backpulver
80 g Vollrohrzucker
1/4 TL Vanillepulver
1 Prise Salz
1 EL Sojamehl
125 g Butter oder Margarine

Belag:
130 g Honig
30 g Butter oder Margarine
3 EL kalte Milch
2 - 3 Tr. Bittermandelöl
150 g grob gehackte Mandeln
60 g gem. Haselnüsse
60 g getrocknete Aprikosen

Alle Teigzutaten zu einem glatten Teig verkneten und 1 Stunde kalt stellen.
Für den Belag die Butter im Topf zerlaufen lassen, Honig und Milch zugeben und kurz aufkochen. Die Aprikosen in kleine Stücke schneiden, die übrigen Zutaten zufügen, gut verrühren und abkühlen lassen.
Den Teig auf einem gefetteten Backblech ausrollen und bei 200 Grad etwa 20 Minuten vorbacken.
Den Belag gleichmässig aufstreichen und nochmals bei 175 - 180 Grad ca. 10 Minuten backen.
Nach dem Erkalten in Vierecke oder Rauten schneiden.

Gefüllte Lebkuchen

250 g Honig
125 g Vollrohrzucker
500 g Vollweizenmehl
80 g Butter
10 g Hirschhornsalz
2 EL Sojamehl
1 Päckchen Lebkuchengewürz
Backoblaten 70 mm Ø

Füllung:
185 g Haselnüsse
100 g Vollrohrzucker
90 g Zitronat
50 g Orangeat
2 EL Sojamehl
etwas Milch

Honig erhitzen und mit Zucker und Lebkuchengewürz verrühren. Nach dem Erkalten die Masse mit dem in einem Eßlöffel Wasser gelösten Hirschhornsalz, Mehl, Sojamehl und der zerlassenen Butter verkneten. Den Teig einen Tag ruhen lassen.

Für die Füllung Zitronat und Orangeat im Mixer zu Mus zerkleinern, die Haselnüsse mahlen. Sojamehl und Zucker mit etwas Milch schaumig rühren und dann die anderen Zutaten hinzufügen. Die Füllung darf nicht zu weich sein, evtl. etwas mehr Haselnüsse zugeben.

Den Teig 4 mm dick ausrollen und runde Plätzchen (Ø 70 mm) ausstechen. Ungefähr einen Teelöffel Füllung zwischen zwei Teigscheiben geben, Ränder mit etwas Wasser befeuchten, fest andrücken und auf die Backoblaten legen.

Bei 200 - 225 Grad etwa 10 Minuten auf der mittleren Schiene backen. Nach dem Erkalten mit Schokoladenguss bestreichen.

Aprikosenschnitten

140 g Butter
3 EL Ahornsirup oder Honig
180 g Vollweizenmehl
70 g ger. Haselnüsse
1 Msp. Backpulver
1/2 Päckchen Vanillezucker
Füllung:
1/2 Glas Aprikosenmarmelade

Guss:
Schokoladenguss (siehe Kuchen- und Tortenglasuren)

Alle Teigzutaten zu einem glatten Teig verkneten. Auf einem gefetteten Backblech ausrollen und bei 200 Grad etwa 15 Minuten hellgelb backen.
Die Platte in zwei Teile teilen, eine Hälfte mit Aprikosenmarmelade bestreichen, die zweite darüber legen und kleine Schnitten daraus schneiden.
Mit Schokoladenglasur bestreichen.

Creme-Törtchen

200 g Vollweizenmehl
70 g ger. Mandeln
4 EL Ahornsirup
150 g Butter
1 Msp. Zimt
1 TL Backpulver
Füllung:
1/2 Rezept Tofu-Creme oder Vanillecreme (siehe Torten- und Kuchenfüllungen)
Guss:
Schokoladenglasur (siehe Kuchen- und Tortenglasuren)

Sämtliche Zutaten zu einem festen Teig verarbeiten, etwa 3 mm dick ausrollen und runde Formen (5 cm Ø) ausstechen. Auf einem gefetteten Backblech bei 175 Grad etwa 15 - 20 Minuten hellgelb backen.
Nach dem Erkalten jeweils 2 Scheiben mit Creme zusammensetzen und die Oberfläche mit Schokoladenguss bestreichen.

Haselnusstörtchen

Alle Teigzutaten zu einem glatten Teig verarbeiten, etwa 3 mm dick ausrollen und runde Formen (etwa 5 cm Ø) ausstechen. Auf einem gefetteten Backblech bei 180 - 190 Grad etwa 10 - 15 Minuten hell backen.

Für die Füllung die Milch aufkochen, alle anderen Zutaten zugeben und dick einkochen. Abkühlen lassen.

Jeweils 2 Plätzchen mit etwas Füllung zusammensetzen und die Oberseite mit einem Schokoladenguss bestreichen. Evtl. mit einer ganzen Haselnuss verzieren.

140 g Butter oder Margarine
200 g Vollweizenmehl
60 g Vollrohrzucker oder
3 EL Honig
1 Prise Salz
1 Päckchen Vanillezucker
2 TL Backpulver

Füllung:
1/4 l Milch
1/4 TL Zimt
1 Päckchen Vanillezucker
280 g ger. Haselnüsse
50 g ger. Schokolade
4 - 5 EL Ahornsirup

Guss:
1 Rezept Schokoladenguss (siehe Torten- und Kuchenglasuren)

Waffeln

250 g Vollweizenmehl
1 TL Backpulver
100 g Vollrohrzucker
1 Päckchen Vanillezucker
1/8 l warmes Wasser
1/8 l süsse Sahne
2 EL Sojamehl, angerührt mit etwas kalter Milch
1 Prise Salz
125 g zerlassene Butter
100 g fein gemahlene Nüsse

Zutaten nacheinander zu einem Teig verrühren. In einem gut gefetteten Waffeleisen zu Waffeln backen. Noch warm servieren.

Waffeln 2

125 g Butter oder Margarine
4 -6 EL Honig oder
80 g Vollrohrzucker
250 g Vollweizenmehl
350 ml Milch
1 Pr. Salz
1 TL Backpulver
abgeriebene Schale einer unbehandelten Zitrone

Butter mit Honig oder Zucker schaumig rühren. Nach und nach das Mehl, Backpulver, Salz undZitronenschale mit der Milch zugeben und zu einem dickflüssigen Teig gut verrühren. Evtl. mit Milch oder Wasser in die richtige Konsistenz bringen. Dann etwas ruhen lassen.
Im vorgeheizten Waffeleisen ausbacken.

Die folgenden Rezepte - selbstverständlich ohne Verwendung von Eiern - sind für jene gedacht, die auf helles Mehl und raffinierten Zucker nicht verzichten möchten. Natürlich können Sie auch Vollweizenmehl, Vollrohrzucker, Honig, Sirup o.ä. in diesen Rezepten einsetzen.

Schneeflöckchen

250 g Butter
100 g Puderzucker
1 Vanilleschote
250 g Speisestärke
100 g Weizenmehl Type 550

Butter, Zucker und das ausgeschabte Mark der Vanilleschote schaumig rühren. Mehl und Speisestärke mischen und nach und nach darunterrühren.
Aus dem Teig Rollen formen und kalt stellen. Von der Rolle kleine Stücke abschneiden, zu Kugeln formen und auf ein mit Backpapier belegtes Backblech setzen. Mit einer Gabel zu runden Formen breit drücken.
Bei 200 Grad ca. 5 - 8 Minuten hellgelb backen.
Auf dem Backblech etwas abkühlen lassen, dann vorsichtig lösen und auf einem Brett vollständig abkühlen lassen.

Schoko-Hörnchen

250 g Butter oder Margarine
50 g Puderzucker
1 Prise Salz
300 g Marzipan-Rohmasse
2 EL Sauerrahm
275 g Weizenmehl Type 550
25 g Kakao

Füllung:
1/2 Glas Aprikosen- oder Himbeer-Marmelade

Zum Verzieren:
100 g helle oder dunkle Schokoladenkuvertüre

Die Butter mit dem Zucker, Salz, Marzipan und Sauerrahm solange rühren, bis sich die Marzipanstückchen aufgelöst haben und die Masse cremig ist. Das Mehl mit dem Kakao vermischen und dazu geben. Den Teig in einen Spritzbeutel mit großer Sterntülle füllen. Auf ein mit Backpapier belegtes Blech Hörnchen spritzen.
Bei 150 Grad auf Mittelschiene etwa 12 - 15 Minuten backen.
Die Unterseite der abgekühlten Hörnchen mit der leicht erwärmten Marmelade bestreichen und je zwei zusammensetzen. Die Kuvertüre zerbröckeln und im Wasserbad schmelzen. Die Enden der Hörnchen in die flüssige Schokolade tauchen. Auf Backpapier oder einem Gitter trocknen lassen.

Gefüllte Albertle

50 g weiche Butter
1/8 l Sahne
125 g Puderzucker
1 Prise Salz
1/2 Päckchen Vanillezucker
150 g Weizenmehl Type 550
150 g Speisestärke
1/2 TL Backpulver

Füllung:
100 g bittere Schokolade
1/2 TL Instant-Kaffeepulver
100 g weiche Butter
50 g Puderzucker

Die Butter mit Sahne, Zucker, Salz und Vanillezucker schaumig rühren. Das Mehl mit der Speisestärke und dem Backpulver mischen und in die Schaummasse sieben. Gut zusammenkneten. 1 Stunde zugedeckt kalt stellen. Den Teig portionsweise 1/2 cm dick ausrollen. Mit einer Käsereibe oder Gabel Muster eindrücken und Kreise mit ca. 5 cm Durchmesser ausstechen.
Bei 180 - 190 Grad auf Mittelschiene ca. 10 - 15 Minuten backen. Abkühlen lassen.
Für die Füllung die Schokolade mit dem Kaffeepulver im Wasserbad schmelzen und abkühlen lassen. Die Butter mit dem Puderzucker geschmeidig verrühren und mit der weichen Schokolade vermischen. Streichfest werden lassen.
Jeweils 2 Plätzchen mit der Creme zusammensetzen.

Englische Ingwerkekse

250 g Weizenmehl Type 550
125 g Puderzucker
40 g Butter
2 - 3 EL Honig
1 gestr. TL gem. Ingwer
Saft einer Zitrone
Milch nach Bedarf
1 Päckchen Backpulver

Zum Bestreichen:
2 EL Sahne

Mehl, Backpulver, Zucker und Butter auf dem Brett abbröseln, in die Mitte eine Grube machen, Honig, Ingwer und Zitronensaft hineingeben und mit etwas Milchzugabe nach und nach zu einem zarten, glatten Teig verarbeiten.
Den Teig 3 - 4 mm dick ausrollen, Stäbchen schneiden, diese mit Sahne bestreichen und auf ein gefettetes Blech legen.
Im vorgeheizten Backofen bei 180 Grad etwa 10 - 12 Minuten braun backen.

Butterknöpfchen

200 g Butter
100 g Puderzucker
1 Päckchen Vanillezucker
1 EL Sauerrahm
150 g Weizenmehl Type 550
150 g Speisestärke

Alle Zutaten zu einem Rührteig verarbeiten. Aus dem Teig 1 1/2 cm dicke Rollen formen, in 1 1/2 cm dicke Scheiben schneiden, auf ein mit Backpapier belegtes Backblech legen. Rund formen und mit einer in Mehl getauchten Gabel etwas flach drücken.
Bei 175 - 200 Grad etwa 10 Minuten backen.

Marillenringe

Alle Teigzutaten zu einem glatten Teig verkneten, zur Kugel formen und zugedeckt 2 Stunden im Kühlschrank ruhen lassen.
Portionsweise auf bemehlter Unterlage etwa 3 mm dick ausrollen. Je zur Hälfte runde Plätzchen und Ringe gleicher Größe ausstechen.
Bei 180 Grad 10 - 15 Minuten backen.
Ringe mit Puderzucker bestreuen, die Plätzchen mit weicher Marmelade bestreichen und die Ringe darauf setzen.

400 g Weizenmehl Type 550
120 g Puderzucker
1 Prise Salz
1 TL abger. Schale einer unbehandelten Zitrone
1 Päckchen Vanillezucker
einige Tropfen Rumaroma
250 g Butter

Füllung:
1/2 Glas Aprikosenmarmelade

Heidesand

Die Butter mit dem Zucker zusammen 10 Minuten cremig rühren. Die Mandeln und das Mehl unterrühren.
Walnussgroße Kugeln aus dem Teig formen, auf ein mit Backpapier belegtes Blech geben und mit einem Spachtel o.ä. flach drücken.
Bei 150 Grad etwa 20 - 25 Minuten backen.
Zucker und Zimt mischen und die warmen Plätzchen darin wälzen.

250 g weiche Butter
125 g Puderzucker
125 g gem. Mandeln
375 g Weizenmehl Type 550

Zum Einwickeln:
2 EL Zucker
1 TL Zimt

Prinzen-Taler

150 g Butter
75 g Puderzucker
1 Prise Salz
200 g Weizenmehl Type 550
20 g Kakao
1 Msp. Zimt

Butter mit Puderzucker verkneten, Mehl und Salz dazugeben und alles zusammen zu einem glatten Teig verarbeiten. Den Teig in zwei Teile teilen. Unter eine Teighälfte den Kakao und Zimt kneten. 2 Stunden kalt stellen.

Beide Teige zu gleichmässig großen Rechtecken dünn ausrollen, eines davon mit Wasser bestreichen, das zweite darauf legen, wieder mit Wasser bestreichen und fest zu einer Rolle aufwickeln. Evtl. nochmals kalt stellen. Von der Teigrolle 3 - 4 mm dicke Scheiben schneiden, auf ein gefettetes Backblech legen und bei 200 Grad etwa 10 - 15 Minuten backen.

Marzipan-Shortbreads

300 g Weizenmehl Type 550
100 g Marzipan-Rohmasse
50 g Puderzucker
1 Prise Salz
200 g kalte Butter

Mehl auf ein Backbrett sieben, Zucker und Salz dazugeben. Den Marzipan fein zerbröseln und die Butter in Flöckchen darauf verteilen. Alles rasch zu einem glatten Teig verkneten. Etwa 1 Stunde kalt stellen.

Auf bemehlter Arbeitsfläche den Teig ca. 1 cm dick ausrollen, Streifen von 6 x 1,5 cm ausschneiden und auf einem gefetteten Backblech bei 200 Grad etwa 15 - 20 Minuten backen. Noch warm mit Puderzucker bestreuen.

Schokoladen-Sterne

Butter und Zucker schaumig rühren, die weiche Schokolade und Kakao dazugeben und darunterrühren. Nach und nach Mehl, Speisestärke und Salz zugeben und alles nochmals gut verrühren.
Mit einem Spritzbeutel (große Sterntülle) oder einer Keksspritze auf ein mit Backpapier belegtes Backblech Sterne spritzen und bei 200 Grad etwa 10 Minuten backen.

125 g weiche Butter
75 g Puderzucker
25 g weiche Schokolade
10 g Kakao
1 Prise Salz
130 g Weizenmehl Type 550
40 g Speisestärke

Damenküßchen

Butter zerlaufen lassen, Bittermandelöl dazugeben. Mandeln, Zucker, Kakao und Mehl vermischen, die zerlassene Butter zufügen und alles zusammen rasch verkneten.
Aus dem Teig walnussgroße Kugeln formen, auf ein gefettetes Backblech setzen und flach drücken. Man kann den Teig auch auf bemehlter Arbeitsfläche 5 mm dick ausrollen und kleine runde Formen ausstechen. Bei 200 Grad etwa 8 - 10 Minuten hell backen.Die Kuvertüre schmelzen und die Kekse auf der Unterseite damit bestreichen. Jeweils 2 Kekse mit der bestrichenen Seite zusammensetzen.

125 g gem. Mandeln
150 g Puderzucker
250 g Weizenmehl Type 550
50 g Kakao
200 g Butter
einige Tropfen Bittermandelöl

Zum Bestreichen:
75 g dunkle Kuvertüre

Vanille-Kipferl

280 g Vollweizenmehl Type 550
210 g Butter
110 g gem. Mandeln
70 g Puderzucker

Zum Bestäuben:
3 Päckchen Vanillezucker

Alle Zutaten rasch verkneten, Teig 1/2 bis 1 Stunde kalt stellen. Aus dem Teig eine Rolle formen, davon dünne Scheiben abschneiden und zu Hörnchen formen. Auf ein leicht gefettetes Backblech setzen und im vorgeheizten Backofen bei 180 Grad etwa 15 Min. hell backen. Die noch heißen Kipferl in Puderzucker wenden.

(Siehe Abbildung rechts)

Coccolo

250 g Weizenmehl Type 550
75 g Puderzucker
1 Msp. Salz
1 Päckchen Vanillezucker
100 g Kokosraspeln
200 g Butter

Zum Bestreichen:
etwas Milch
2 EL Zucker
2 EL Kokosraspeln

Alle Zutaten rasch zu einem glatten Teig verarbeiten und kalt stellen.
Aus dem Teig zwei Rollen formen von 4 cm Durchmesser, mit Milch bestreichen, in dem Zucker-Kokosraspel-Gemisch wenden und kalt stellen, bis sie fest geworden sind. Danach ca. 1/2 cm dicke Scheiben schneiden, auf ein gefettetes Backblech legen und bei 200 Grad ca. 10 - 15 Minuten hell backen.

Kardamomplätzchen

150 g Weizenmehl Type 550
100 g Puderzucker
100 g geschälte gem. Mandeln
1 Prise Salz
2 leicht gehäufte TL Kardamom
1 Vanilleschote
100 g Butter oder Margarine
2 1/2 EL Sahne

Guss:
Vanilleglasur (siehe Kuchen- und Tortenglasuren)

Mehl, Zucker, Mandeln, Salz, Kardamom, das ausgekratzte Mark der Vanilleschote und die kleingewürfelte Butter oder Margarine auf ein Brett geben. Mit einem großen Messer durchhacken. Sahne zufügen und alles rasch zu einem Teig verkneten.

Den Teig halbieren und 5 cm dicke Rollen daraus formen. Eine Stunde zugedeckt kalt stellen. Von den Rollen knapp 1 cm dicke Scheiben schneiden. Auf ein leicht gefettetes Blech setzen. Eine Gabel mit Mehl bestäuben und Kerben in die Plätzchen drücken. Nochmals 30 Minuten kaltstellen.

Bei 180 Grad etwa 12 Minuten backen. Abkühlen lassen.

Die Plätzchen zur Hälfte mit Vanilleglasur bestreichen.

Käsestangen

300 g Vollweizenmehl
150 g Butter
2 EL Sojamehl, angerührt in etwas kalter Milch
100 g Quark
200 g fein ger. Käse
je 1 Prise scharfer Paprika und Muskat
1 gestr. TL Salz

Alle Teigzutaten rasch verkneten, 10 Minuten im Kühlschrank ruhen lassen. Auf bemehlter Fläche kleinfingerdick ausrollen, ca. 1 cm breite und 6 cm lange Streifen abschneiden.
Auf ein gefettetes Backblech legen und bei 200 Grad ca. 15 - 20 Minuten backen.

Kümmelstangen

250 g fein gem. Roggenschrot
1 TL Backpulver
80 g Vollweizenmehl
1/8 l Wasser
150 g Butter
1 Msp. Pfeffer
1 TL Salz
1 EL Kümmel

Alle Zutaten rasch zu einem glatten Teig verarbeiten und 10 Minuten im Kühlschrank ruhen lassen.
Dann so verfahren wie bei Käsestangen. Die Stangen mit Milch bepinseln und im vorgeheizten Backofen bei 180 - 200 Grad ca. 15 - 20 Minuten backen.

Salzstangen

Alle Zutaten zu einem glatten Teig verarbeiten, 10 Minuten kalt stellen. Anschliessend den Teig in bleistiftdicke Rollen formen, davon 8 cm lange Streifen abschneiden und jeweils zwei zu einem "Zopf " zusammendrehen. Mit Milch bestreichen und dem Salz-Sesam-Gemisch bestreuen.
Auf ein gefettetes Backblech legen und bei 180 Grad ca. 15 - 20 Minuten hell backen.

300 g Vollweizenmehl
1/2 TL Backpulver
150 g Butter oder Margarine
1/8 l Wasser
1 TL Salz
1 Msp. Koriander
1 Msp. Pfeffer

Zum Bestreuen:
30 - 40 g Sesam
1 TL grobes Salz

Käsebrezeln

Alle Teigzutaten rasch zu einem glatten Teig verkneten. Aus dem Teig bleistiftdicke Rollen drehen, in 10 cm lange Streifen schneiden und zu Brezeln formen. Mit Milch bestreichen, evtl. mit Sesam, Mohn oder Kümmel bestreuen und im vorgeheizten Backofen bei 180 Grad ca. 15 Minuten backen.

200 g Vollweizenmehl
1 gestr. TL Backpulver
1 gestr. TL Salz
2 - 3 EL Wasser
150 g fein geriebener Schweizer Käse
125 g Butter

Käse-Nuss-Taler

150 g Vollweizenmehl
75 g ger. Schweizer Käse (oder Gouda)
50 g Butter
3 EL Sahne
1 Prise Salz
3 - 4 EL leicht geröstete, ger. Haselnüsse

Mehl, den leicht erwärmten Käse, Butter, Sahne und Salz zu einem glatten Teig verkneten. Ca. 30 Minuten kalt stellen.
Dann eine Rolle formen (ca. 2 - 3 cm Ø) und Scheiben knapp 1/2 cm dick abschneiden. Mit Milch bestreichen und den Haselnüssen bestreuen.
Bei 180 - 200 Grad ca. 10 Minuten backen.

Käsekränzchen

250 g Margarine
250 g ger. Käse
2 EL Sojamehl, angerührt in etwas Milch
100 ml Joghurt oder saure Sahne
1 Msp. Kräutersalz
1- 2 gestr. TL Rosenpaprika
1 TL Kümmel
250 g Vollweizenmehl
1 TL Backpulver
etwas Salz und Paprika zum Bestreuen

Fett schaumig rühren. Käse, Sojamehl, Sauermilch, Gewürze und Salz dazugeben. Mehl und Backpulver sieben, rasch mit der Fettmasse verrühren. Teig in einen Spritzbeutel füllen, auf ein gefettetes Backblech Kränzchen spritzen. Mit Salz und Paprika leicht bestreuen.
Sollten Sie keinen Spritzbeutel besitzen, können Sie auch eine Plastiktüte nehmen, von der Sie ein Eckchen abgeschnitten haben. Bei 200 Grad ca. 15 Minuten backen.

Glasuren

Kuchen- und Tortenglasuren

Aprikosenglasur 1

75 g getrocknete Aprikosen
ca. 8 EL hellen Obstsaft
1 EL Birnendicksaft, Ahornsirup oder Honig

Die gewaschenen Aprikosen einweichen, mit dem Obstsaft aufkochen, fein pürieren, süssen und die Oberfläche des Gebäcks damit bestreichen.

Aprikosenglasur 2

2 - 3 EL Aprikosenmarmelade

Die Marmelade leicht erwärmen, bis sie zerlaufen ist. Das Gebäck gleichmässig damit bestreichen.

Honig-Glasur

1 - 2 EL flüssigen Honig, Birnendicksaft oder Ahornsirup
1 - 2 EL gehackte Mandeln oder Nüsse

Den noch warmen Kuchen mit Honig, Birnendicksaft oder Sirup bestreichen und mit den Mandeln oder Nüssen bestreuen.

Haselnuss-Glasur

100 g Vollrohrzucker
etwa 2 - 3 EL heißes Wasser
30 g geröstete, fein gem. Haselnüsse

Zucker mit Wasser glattrühren, die Nüsse zugeben und über das mit heißer Aprikosenmarmelade bestrichene Gebäck verteilen.

Kakao- oder Carob-Glasur

1 EL heißes Wasser
10 g Kakao oder Carob
1/2 TL Zimt
50 g Vollrohrzucker
1/2 TL zerlassenes Kokosfett

Zucker mit heißem Wasser glattrühren, Kakao- oder Carobpulver und Zimt zugeben, zuletzt das Fett sehr schnell unterrühren.

Die folgenden Glasuren können auch mit Vollrohrzucker zubereitet werden. Dabei ist aber der starke Eigengeschmack des Vollrohrzuckers zu beachten, der das Aroma der verschiedenen Glasuren beeinträchtigt, was bei Verwendung von handelsüblichem Puderzucker entfällt.
Ganz gleich, wofür Sie sich entscheiden - ob Vollrohrzucker oder Puderzucker: die Glasur muß immer homogen und dickflüssig sein.
Die Flüssigkeit sollte stets heiß und nur tröpfchenweise zugesetzt und gleichmässig untergerührt werden.
Das Gebäck wird glänzender und bleibt saftiger, wenn es mit heißer Aprikosenmarmelade bestrichen wird, bevor es mit einer Glasur überzogen wird.

Wasserglasuren

Zucker mit Wasser, Saft o.ä. und Gewürzen dickflüssig anrühren und über das Gebäck giessen. Gleichmässig darauf verteilen:

Vanilleglasur

100 - 150 g Zucker
etwa 2 - 3 EL heißes Wasser
1/4 TL Natur-Vanillepulver

Zitronenglasur

100 - 150 g Zucker
Saft einer Zitrone
evtl. ein wenig heißes Wasser

Rumglasur

100 - 150 g Zucker
2 - 3 EL heißes Wasser
1 Rumaroma

Mokkaglasur

100 - 150 g Zucker
2 - 3 EL starken, heißen Kaffee

Rote Wasserglasur

100 - 150 g Zucker
2 - 3 EL roter Fruchtsaft

Schokoladenglasur 1

100 - 150 g Zucker
30 g Kakao- oder Carobpulver
2 - 3 EL heißes Wasser oder Milch

Schokoladenglasur 2

125 g Schokolade
25 g Butter oder Kokosfett

Schokolade und Fett über Wasserdampf zergehen lassen, gut durchrühren und sofort verwenden.

Guss für Obstkuchen

1/4 l Obstsaft
1 TL Agar-Agar
evtl. etwas Honig, Birnendicksaft oder Ahornsirup je nach Süsse des Saftes

Saft zum Kochen bringen. Agar-Agar mit 2 - 3 EL Saft glatt rühren und in den kochenden Saft einrühren, etwa 1 Minute leicht kochen lassen. Etwas abgekühlt gleichmässig auf dem Kuchen verteilen. Kalt stellen und fest werden lassen.

Walnuss-Krokant

300 g Walnusskerne
120 g Vollrohrzucker
100 g Butter
6 EL Schlagsahne
2 EL Honig

Walnüsse grob hacken. Den Zukker auf kleiner Flamme hell karamelisieren, die Butter darin zerlaufen lassen. Sahne und Honig zufügen und unter Rühren aufkochen. Zuletzt die Walnüsse dazugeben, alles durchrühren und abkühlen lassen.

Grillage

120 g geschälte ganze Mandeln
150 g Vollrohrucker
etwas Kokosfett

Zucker auf kleiner Flamme goldbraun karamelisieren. Die ganzen Mandeln auf einmal dazurühren. Die Masse nun sofort auf ein dick mit Kokosfett bestrichenes Blech giessen und erstarren lassen.
Danach mit dem Wiegemesser zerkleinern oder auf einer Reibe grob raspeln.
Diese Grillage eignet sich zum Bestreuen von Torten oder ähnlichem Gebäck.

Füllungen

Buttercreme

Grundrezept Buttercreme

Pudding nach Vorschrift kochen und unter öfterem Umrühren gut abkühlen lassen. Butter schaumig rühren, Pudding löffelweise dazugeben und mit der Butter verschlagen. (Pudding und Butter sollen die gleiche Temperatur haben). Nach Geschmack süßen.

1/2 l Milch
1 1/2 Päckchen Vanillepuddingpulver
200 g weiche Butter
50 g Vollrohrzucker, Honig, Birnendicksaft oder Ahornsirup

Schokoladenbuttercreme

3 - 4 EL Kakao oder Carob in die warme Milch geben.

Mokkabuttercreme

Nach und nach 1 - 2 EL lösliches Kaffeepulver unter die fertige Creme rühren.

Nussbuttercreme

50 g gemahlene Haselnüsse oder Mandeln unter die fertige Creme rühren.

Bananenbuttercreme

2 Bananen fein zerdrücken, zusammen mit etwas Zitronensaft und 3 TL san-apart o.ä. unter die Creme rühren.

Pischingercreme

100 g Haselnüsse
80 g Vollrohrzucker
100 g Butter
100 g geriebene Schokolade

Haselnüsse hell anrösten, Schale abreiben, Nüsse mahlen. Butter cremig rühren, Zucker und Schokolade dazugeben und zuletzt die Nüsse unterziehen.

Mokka-Schoko-Creme

50 g gem. Kaffee
1/4 l Milch
1 Päckchen Schokoladen-Puddingpulver
150 g weiche Butter
etwas Vollrohrzucker, Honig oder Ahornsirup

Den Kaffee mit 1/4 l Wasser brühen. Die Milch zufügen und zum Kochen bringen. Das Puddingpulver nach Vorschrift einrühren, aufkochen und abkühlen lassen.
Die weiche Butter schaumig rühren und löffelweise den Pudding unterrühren. Nach Geschmack mit Vollrohrzucker, Honig oder Ahornsirup süßen.

Sahnecreme

Walnuss-Sahne

Sahne mit Sahnefestiger steif schlagen und die gemahlenen Walnüsse unterheben. Nach Geschmack süssen. Die halben Walnüsse zum Garnieren verwenden.

1/2 l Sahne
200 g gem. Walnüsse
1 TL Biobin, san-apart o.ä.
12 halbe Walnüsse
evtl. etwas Vollrohrzucker

Haselnuss-Sahne

Die Haselnüsse auf einem Backblech im Backofen leicht anrösten, auf ein Küchentuch geben, das Tuch zusammenschlagen und die Schalen der Nüsse abreiben. Dann fein mahlen.

1/2 l Sahne
1 TL Biobin, san apart o.ä.
100 g Haselnusskerne
etwas Birnendicksaft, Ahornsirup oder Vollrohrzucker

Sahne mit Sahnefestiger sehr steif schlagen, Nüsse unterheben und nach Geschmack süssen.

Schokoladen-Sahne

Sahne langsam im Topf erwärmen (nicht kochen!). Die zerkleinerte Schokolade dazugeben und unter ständigem Rühren zum Schmelzen bringen. Sie muß ganz aufgelöst sein.

4 Becher Schlagsahne (à 200 g)
2 Tafeln Vollmilch-Schokolade à 100 g
2 Tafeln Halbbitter-Schokolade à 100 g

Diese Mischung in ein hohes Rührgefäß füllen und 8 - 10 Stunden im Kühlschrank kalt stellen. Dann - genau wie Schlagsahne - steif schlagen.

Marzipan-Sahne

150 g Honig-Marzipan
1/2 TL Vanillepulver
3 Becher Schlagsahne (à 200 g)
2 TL Biobin, san-apart o.ä.

Marzipan zerdrücken und mit Vanillepulver und etwa 10 EL Sahne mit dem Handrührgerät glattrühren. Restliche Sahne mit Sahnefestiger steif schlagen und mit der Marzipancreme vermischen.

Sahnecreme mit Früchten

1/2 l Milch
1 1/2 Päckchen Vanille-Puddingpulver
75 g Vollrohrzucker, Honig oder Ahornsirup
1/4 l Sahne
1 Päckchen Sahnefestiger o.ä.
500 g rohes oder gedünstetes Obst (Aprikosen, Birnen, Kirschen oder Pfirsiche, Heidelbeeren, Preiselbeeren).

Pudding nach Vorschrift kochen und unter Rühren gut abkühlen lassen. Das vorbereitete, zerkleinerte Obst darunterrühren. Nach Geschmack süssen. Sahne mit Festiger sehr steif schlagen und löffelweise unter den Pudding heben.

Quarkcreme

Sahne mit Festiger steif schlagen. Quark mit Zucker bzw. Honig und Vanillezucker glatt rühren, Sahne unterheben.

1/8 l Sahne
Sahnefestiger o.ä.
2 gehäufte EL Quark
1 - 2 EL Vollrohrzucker oder Honig
1 Päckchen Vanillezucker

Varianten:

a) 1 mittelgroße Banane zerdrücken oder 1 Tasse frisches Beerenobst zerkleinern und unter die Quarkcreme mischen.

b) 2 - 3 EL gemahlene Mandeln oder Nüsse unter die Creme rühren, evtl. mit wenig flüssiger Sahne verdünnen.

c) Einige EL Marmelade unter die Creme rühren. (In diesem Fall Zucker bzw. Honig weglassen.)

d) 50 g Kokosraspeln untermischen.

Ananas-Creme mit Frischkäse

Frischkäse, Ananas-Saft, Vanillezucker, Vollzucker oder Ahornsirup und Zitronensaft gut verrühren. Sahne mit Biobin steif schlagen und vorsichtig unterziehen. Zuletzt die klein gewürfelten Ananas untermischen.

400 g Doppelrahm-Frischkäse
3 - 4 EL Ananas-Saft
400 ml Sahne
2 - 3 EL Vollrohrzucker od. Ahornsirup
1 P. Vanillezucker
1 EL Zitornensaft
2 TL Biobin
5 - 6 Scheiben Ananas

Quark-Buttercreme

1/2 Rezept Buttercreme
125 g Quark
1 TL Vanillepulver
1 TL Biobin oder 2 TL san-apart

In die fertige Buttercreme die übrigen Zutaten einrühren und zu einer Creme aufschlagen.

Quark-Frischkäse-Creme

300 g Beeren (Himbeeren, Johannisbeeren, Heidelbeeren, o.ä.)
2 TL Agar-Agar
4 EL Wasser
200 ml Sahne
100 g Honig oder Vollrohrzucker
2 EL Zitronensaft
300 g Quark
200 g Frischkäse

Beeren pürieren. Agar-Agar mit Wasser anrühren. Sahne mit dem Beerenpüree vermischen, zum Kochen bringen. Agar-Agar zugeben und 2 Minuten unter ständigem Rühren köcheln lassen. Ca. 15 Minuten abkühlen lassen.
Quark und Frischkäse mit Zitronensaft glatt rühren, Honig zugeben. Zuletzt die abgekühlte Beerenmasse sorgfältig unterziehen. Kuchen oder Torte damit füllen und im Kühlschrank fest werden lassen.

Quarkcreme mit Marzipan

Banane und Marzipan zerdrücken und zusammen mit dem Quark und Saft mit einem Handrührgerät glatt rühren. Zimt zugeben. Zuletzt die steif geschlagene Sahne unterheben.

2 gehäufte EL Quark
1 - 2 EL Zitronen- oder Orangensaft
1 weiche Banane
125 g Honig-Marzipan
1 Msp. Zimt
100 ml Sahne

Honigmarzipan

Die Mandeln sehr fein mahlen und mit Honig und Rosenwasser so lange kneten, bis sich die Masse glatt und elastisch anfühlt. Den Marzipan entweder zum Backen verwenden (z.B. in Stollen oder als Belag für einen Tortenboden); oder ausrollen, Formen ausstechen und trocknen lassen; oder in einem verschlossenen Gefäss im Kühlschrank aufbewahren.

200 g geschälte Mandeln
evtl. 5 - 6 bittere Mandeln
100 g fester Honig
einige Tropfen Rosenwasser

Tofucreme

250 g Tofu
1 Banane
Saft und Schale einer unbehandelten Zitrone
4 - 5 EL Ahornsirup
1 TL Biobin o.ä.
100 ml Sahne

Die Banane mit dem Tofu, Zitronensaft und -schale und Ahornsirup pürieren. Biobin unterrühren. Sahne steif schlagen und unter die Tofumasse heben. Kalt stellen.

Früchtecreme mit Tofu

500 g reifes Obst (Aprikosen, Pfirsiche, Himbeeren, Erdbeeren o.ä.)
250 g Tofu
2 EL Honig
1 EL Zitronensaft
200 ml Sahne
1 TL Biobin o.ä.

Das vorbereitete Obst zerkleinern, mit Tofu, Honig und Zitronensaft fein pürieren. Biobin unterrühren. Die steifgeschlagene Sahne unterziehen. Kalt stellen.

Nussfüllung 1

150 g gem. Haselnüsse
100 g gehackte Mandeln
3 - 4 EL Honig
4 EL Crème fraîche
1 Prise Zimt

Alle Zutaten zusammen gründlich verrühren.

Nussfüllung 2

Die gerösteten Haselnüsse fein reiben, in die kochende Milch einrühren und mit Honig süßen.

150 g geröstete Haselnüsse
3 - 4 EL Honig
5 - 6 EL Milch

Nussfüllung 3

Butter zerlassen, den Zucker dazugeben und kurz karamelisieren. Die flüssige Sahne, Kakao bzw. Carob und die Nüsse darunterrühren. Mit Honig abschmecken und abkühlen lassen.

150 g Vollrohrzucker
20 g Butter
100 g Sahne
3 EL Honig
1 TL Kakao- oder Carobpulver
200 g grob gemahlene Walnüsse

Mohnfüllung

Den Mohn in die kochende Milch einstreuen und aufkochen lassen. Zum Ausquellen etwa 20 - 30 Minuten zur Seite stellen. Die Gewürze unterrühren und mit Honig abschmecken.

150 g gem. Mohn
1/8 l Milch
3 EL Honig
abgeriebene Schale einer unbehandelten Zitrone
1/2 gestr. TL Zimt
1/2 TL Vanillepulver
evtl. etwas Rumaroma

Register

Für Ihre Notizen